GUIDES du Général en chef Bonaparte.

« À Arcole, vingt-cinq de ces braves chargèrent contre l'armée ennemie et s'emparèrent la victoire, sous ses étendards. »

CAMPAGNES MÉMORABLES

DES

ARMÉES FRANÇAISES

En Egypte, Italie, Allemagne, Prusse, Pologne, Espagne, Russie, Saxe,

JUSQU'EN 1815,

D'après les Bulletins des Armées, le Moniteur, les Documents Officiels, les Notes, Mémoires, Rapports et ouvrages Militaires

DE

L'EMPEREUR NAPOLÉON.

Par le Général Baron FICATIER.

PARIS.

B. RENAULT, ÉDITEUR.

—

1845.

Paris. — Imprimerie de LACOUR et Compagnie,
rue Saint-Hyacinthe-Saint-Michel, 33.

CAMPAGNES DE NAPOLÉON.

SIÈGE DE TOULON.

1793.

Toulon, comme Lyon et Marseille avait rompu avec la Convention et repoussé la constitution de 1793. Cette ville fut alors mise hors la loi, et n'échappa au châtiment que par la trahison de ceux de ses habitants qui la livrèrent aux Anglais. Le général Carteaux, retenu quelque temps à Marseille par les commissaires de la Convention, à l'effet d'appuyer par la présence de ses troupes, les mesures terribles ordonnées contre l'insurrection vaincue, devint libre enfin d'agir contre Toulon.

La ville de Toulon est adossée du côté de la terre par une chaîne de montagnes, où par des travaux exécutés depuis un siècle, autour d'elle s'élève une ligne de petits forts qui s'appuyent réciproquement. Tous ces forts étaient occupés par les Anglais et leurs alliés, les Espagnols et les Napolitains, Après avoir forcé les gorges d'Ollioules, les troupes républicaines avaient emporté la montagne de Pharon et la colline du cap Prïm : mais leur petit nombre (3 à 4000), ne leur permit pas de conserver ces points importants. Heureusement que bientôt arriva à l'armée un homme de génie, Bonaparte, envoyé par le comité de salut public, pour commander l'artillerie du siége. Napoléon dont la présence fut un événement des plus favorable aux opérations, était à tout et partout, faisant le général et le soldat; tour-à-tour fantassin et cavalier, mineur et artilleur.

Quand l'ennemi tentait une sortie, ou, par une attaque inattendue, forçait les assaillants à quelque manœuvre rapide et non encore ordonnée, les chefs de colonne, les commandants de postes et de détachements dans leur hésitation, n'avaient tous qu'une même parole: « Courez au commandement de l'artillerie; demandez-lui ce qu'il faut faire, il le sait mieux que personne. » Napoléon donnait ses instructions, on lui obéissait, non pas seulement avec le respect que commande le grade, mais encore avec cette confiance qu'inspire le génie.

On marcha sur Balaguier et l'Éguillette, positions qu'on trouva déjà évacuées par l'ennemi. Les pièces de vingt-quatre et les mortiers furent aussitôt mis en mouvement pour armer ces batteries d'où l'on espérait pouvoir canoner la flotte Anglo-Espagnole. L'amiral Hood n'eut pas plutôt vu les Français ainsi postés qu'il donna le signal de lever l'ancre et de quitter les rades. Afin d'accélérer la retraite, cet amiral se rendit lui-même à Toulon.

Le 19 décembre, les républicains entrèrent dans Toulon : ils la trouvèrent à moitié dé peuplée. On peut regretter qu'elle ne l'ait point été encore davantage. Les vengeances nationales s'exercèrent à Toulon, plus terribles et les plus implacables qu'à Lyon même.

Le succès inespéré du siége de Toulon remplit de joie la République, et commença la fortune de Bonaparte à qui il était dû.

Quant à Napoléon, son succès de Toulon ne l'étonna pas trop; il en jouit, dit-il, avec une vive satisfaction, sans s'émerveiller.

Napoléon, devenu général d'artillerie, commandant cette arme à l'armée d'Italie, y acheva la campagne de 1794, sous les ordres de Dubermion, et déjà il s'illustrait sur ce champ de bataille qui bientôt devait être son plus beau théâtre de gloire. Il fut décrété d'accusation, et c'en était fait de lui, si le général Dubermion et toute l'armée n'eussent réclamé contre le décret. Les représentants du peuple qui étaient à l'armée l'autorisèrent à attendre de nouveaux ordres, et à leur sollicitation le décret fut rapporté.

Échappé à ce danger, et quoique son retour au milieu de ses compagnons d'armes eût été signalé par la prise d'Oneille, celle du col de Tende et le combat del Caro, le général Bonaparte fut cependant bientôt laissé à l'écart; le commandement de l'artillerie de l'armée d'Italie lui fut retiré; on lui donna ordre de se rendre en Vendée pour y commander une brigade; aucune sollicitation ne put engager le ministre de la guerre, Aubry, à changer de détermination, et le général Bonaparte, privé de son commande-

ment, n'en voulut pas accepter un nouveau;
il rentra dans la vie privée. Mais bientôt il
se trouva dénué de toutes ressources, et l'on
assure que tel fut son désespoir, qu'il songea
à s'expatrier pour aller se mettre au service
du sultan.

JOURNÉE DU 12 VENDÉMIAIRE.

1795.

Cependant les événements politiques qui
s'agitaient dans Paris, commençait à éveil-
ler l'attention de tous ceux qui pouvaient
jouer un rôle dans la réaction qui se préparait.
Un mouvement royaliste s'organisait dans les
sections parisiennes, et l'autorité de la Convention, depuis qu'elle n'était plus appuyée
sur les mesures énergiques du parti monta-
gnard, se perdait de jour en jour. Un chan-
gement de ministère qui eut lieu alors, sauva
le général Bonaparte de la détresse dans laquelle il se trouvait. Doulcet de Pontécoulant
remplaça Aubry au ministère de la guerre, et
l'un des premiers actes du nouveau ministre,
qui avait connu le général Bonaparte au siége
de Toulon, fut de l'attacher au comité topo-
graphique de la guerre; et lorsque la Convention, sentant enfin la nécessité de s'opposer
au mouvement royaliste qui s'organisait, eut
donné le commandement des forces militaires
dont il pouvait disposer à Barras, celui-ci fit

désigner par le Comité de Salut Public le général Bonaparte pour commander sous lui. Barras n'était point homme de guerre, et il eut le bon esprit d'abandonner l'entier commandement au général Bonaparte.

La journée du 12 vendémiaire fut employée par les sections à discourir, à s'échauffer et et à rassembler les gardes nationales. Dans la soirée, la Convention, espérant prévenir l'effusion du sang, en prenant brusquement l'offensive, envoya le général Menou pour désarmer la section Lepelletier. Menou parlementa et ce premier succès remplit les sectionnaires d'audace.

Menou fut destitué, et aussitôt Napoléon, qui se trouvait chargé du commandement des forces qui devaient protéger l'assemblée, se transporta dans un des cabinets des Tuileries où était Menou, afin d'obtenir de lui les renseignements nécessaires sur les forces et la position des troupes et celle de l'artillerie. L'armée n'était que de cinq mille hommes de toutes armes, avec quarante pièces de canon, alors aux Sablons, sous la garde de quinze hommes; il était une heure après minuit. Napoléon expédia aussitôt un chef d'escadron du 21e chasseurs (Murat), avec trois cents chevaux, pour se rendre en toute diligence, aux Sablons, et ramener l'artillerie au jardin des Tuileries. La section se retira, et à six heures du matin, les quarante pièces entrèrent aux Tuilleries.

Depuis six heures jusqu'à neuf, Napoléon courut tous les postes, et plaça cette artillerie à la tête du pont de Louis XVI, du pont Royal,

de la rue de Rohan, au cul-de-sac Dauphin,
dans la rue Saint-Honoré, au Pont-Tournant,
etc., etc. ; il en confia la garde à des officiers
sûrs. La mêche était allumée partout, et la
petite armée distribuée aux différents postes,
en réserve au jardin et au Carrousel.

La générale battait partout Paris, et les gardes nationales se formaient à tous les débou-
chés, cernant ainsi le palais et les jardins, leurs
tambours portaient l'audace jusqu'à venir
battre la générale sur le Carrousel et sur la
place Louis XV.

Le danger était imminent, quarante mille
gardes nationaux bien armés, organisés depuis
longtemps, se présentaient animés contre la
Convention ; les troupes de ligne, chargées
de la défendre, étaient peu nombreuses, et
pouvaient être facilement entraînées par le
sentiment de la population qui les environnait.
La Convention, pour accroître ses forces,
donna des armes à quinze cents individus, dits
les patriotes de 89. Ces hommes se battirent
avec la plus grande valeur. Ils entraînèrent la
troupe de ligne, et furent pour beaucoup dans
le succès de la journée.

Un comité de quarante membres, sous la
présidence de Cambacérès, et composé du Comité de Salut Public et de sûreté générale dirigeait toutes les affaires. On discutait beaucoup, on ne décidait rien, et le danger reve-
nait à chaque instant plus pressant.

Pendant ces vaines discussions, et à deux
heures après midi, un nommé Lafond déboucha sur le pont Neuf, venant de la section Le-

pelletier, à la tête de trois ou quatre bataillons, dans le temps qu'une autre colonne de même force venait de l'Odéon à sa rencontre : ils se réunirent sur la place Dauphine.

Le général Carteaux, qui avait été placé au pont Neuf avec quatre cents hommes et quatre pièces de canon, ayant l'ordre de défendre les côtés du pont, quitta son poste et se replia sous les guichets. En même temps, un bataillon de gardes nationaux venait occuper le jardin de l'Infante : il se disait affectionné à la Convention, et pourtant, saisissait ce poste sans ordre ; d'un autre côté, Saint-Roch, le Théâtre-Français et l'hôtel de Noailles étaient occupés en force par la garde nationale.

A chaque instant les affaires empiraient. A trois heures, Danican, général des sections, envoya un parlementaire sommer la Convention d'éloigner les troupes qui menaçaient le peuple, et de désarmer les terroristes. On le renvoya vers quatre heures. La nuit approchait, et il n'était pas douteux qu'elle ne dut être favorable aux sectionnaires, vu leur grand nombre.

Enfin, à quatre heures un quart, des coups de fusils furent tirés de l'hôtel de Noailles, où s'étaient introduits les sectionnaires ; les balles arrivaient jusqu'au perron des Tuileries. Au même moment, la colonne Lafond déboucha par le quai Voltaire, marchant sur le pont Royal. Alors on donna l'ordre aux batteries de tirer. Une pièce de huit, au cul-de-sac Dauphin commença le feu, et servit de signal pour tous les postes. Après plusieurs décharges,

Saint-Roch fut enlevé. La colonne Lafond, prise en tête et en écharpe par l'artillerie placée sur le quai, à la hauteur du guichet du Louvre, et à la tête du pont Royal, fut mise en déroute. La rue Saint-Honoré, la rue Saint-Florentin et les lieux adjacents furent balayés. Une centaine d'hommes essayaient de résister, au théâtre de la République ; quelques obus les délogèrent en un instant ; à six heures tout était fini.

Si l'on entendait dans la nuit, de loin en loin, quelques coups de canon, c'était pour empêcher les barricades que quelques habitants avaient cherché à établir avec des tonneaux.

Il y eut environ deux cents tués ou blessés du côté des sectionnaires, et presque autant du côté des conventionnels ; la plus grande partie de ceux-ci aux portes de Saint-Roch.

Lorsque, après ce grand événement, les officiers de l'armée de l'intérieur furent présentés en corps à la Convention, celle-ci, par acclamation, nomma Napoléon général en chef de cette armée, Barras ne pouvant cumuler plus longtemps le titre de représentant avec des fonctions militaires.

Après le 13 vendémiaire, Napoléon eut à organiser la garde national, qui était un objet de la plus haute importance, comptant alors jusqu'à cent quatre bataillons. Il forma en même temps la garde du directoire, et réorganisa celle du corps Législatif. Ces mêmes éléments se trouvèrent précisément dans la suite une des causes de son succès à la fameuse journée du 18 brumaire.

PREMIÈRE

CAMPAGNE DE NAPOLÉON,

EN ITALIE.

—

1796 — 1797.

La nomination de Bonaparte au commandement en chef de l'armée d'Italie précéda de peu de jours son mariage avec madame de Beauharnais. Dans la fameuse journée du 13 vendémiaire an IV, il avait combattu pour la Convention, contre les sections de la capitale, dont le désarmement général suivit la défaite. Un matin, il se présenta à l'état-major un jeune homme de dix ou douze ans, qui vint supplier le général en chef de lui faire rendre l'épée de son père, qui avait été général en chef de la république. Ce jeune homme était Eugène de Beauharnais, depuis vice-roi d'Italie. Bonaparte, touché de la nature de sa demande et des grâces de son âge, lui accorda ce qu'il demandait. Eugène se mit à pleurer en voyant l'épée de son père. Le général en fut touché, et lui témoigna tant de bienveillance, que madame de Beauharnais se crut obligée de venir le lendemain lui en faire des remercîments. Bonaparte s'empressa de lui rendre sa visite. La grâce de la veuve du général de Bauharnais était extrême, ses manières douces et attrayantes : la connaissance devint bientôt intime et tendre, et ils ne tardèrent pas à se marier.

Au moment où le Directoire venait d'être installé, Carnot, digne appréciateur des talents de Bonaparte, le fit nommer, au commendement en chef de l'armée d'Italie, en remplacement de Schérer ; dont la conduite avait compromis les intérêts de la république.

A peine âgé de vingt-six ans, n'ayant jamais assisté à aucune bataille rangée, Bonaparte, en se présentant pour commander à d'anciens généraux, à des officiers distingués par d'éclatants services, ne pouvait manquer de soulever la haine et l'envie, si la supériorité de son mérite n'eût bientôt fait oublier sa jeunesse. Arrivé à Nice, il trouva une armée sans discipline, sans munitions, sans vivres, sans vêtements; et, se rappelant aussitôt les héros de Carthage, montrant de la crête des Alpes la féconde Italie à ses soldats, il réunit l'armée, parcourt ses rangs, et lui adresse les paroles suivantes :

« Soldats !

« Vous êtes nus, mal nourris; le gouvernement vous doit beaucoup, il ne peut rien vous donner. Votre patience, le courage que vous montrez au milieu de ces rochers sont admirables, mais ils ne nous procurent aucune gloire; aucun éclat ne rejaillit sur vous. Je veux vous conduire dans les plus fertiles plaines du monde; de riches provinces, de grandes villes seront en votre pouvoir; vous y trouverez honneur, gloire et richesses. Soldats d'Italie, manqueriez-vous de courage ou de constance ? »

L'armée répondit par des acclamations unanimes, et se mit en marche au cri de : *Vive Bonaparte !* Dès ce moment s'établit entre Bonaparte et les soldats une sorte de fraternité d'armes, de confiance mutuelle, qui fut la source de ces faits inouïs qui étonnent encore le monde.

L'armée de Bonaparte, en quinze jours, fit plus que l'ancienne armée d'Italie en quatre campagnes. Le général en chef lui en témoigna sa satisfaction en ces termes :

« SOLDATS !

« Vous avez, en quinze jours, remporté six victoires, pris vingt-un drapeaux, cinquante pièces de canon, plusieurs places fortes, conquis la plus riche partie du Piémont ; vous avez fait quinze mille prisonniers, tué ou blessé dix mille hommes. Dénués de tout, vous avez suppléé à tout ; vous avez gagné des batailles sans canons, passé des rivières sans ponts, fait des marches forcées sans souliers, bivouaqué plusieurs fois sans pain : les phalanges républicaines étaient seules capables d'actions aussi extraordinaires. Grâces vous soient rendues, soldats !

« Les deux armées qui, naguère, vous attaquèrent avec audace, fuient devant vous ; les hommes pervers qui se réjouissaient, dans leur pensée, du triomphe de vos ennemis, sont confondus et tremblants ; mais il ne faut pas vous le dissimuler : vous n'avez encore rien fait, puisque beaucoup de choses vous restent encore faire. Ni Turin, ni Milan ne sont à vous : vos ennemis foulent encore les cendres des vainqueurs des Tarquins.

« Vous étiez dénués de tout au commencement de la campagne : vous êtes aujourd'hui abondamment pourvus. Les magasins pris à vos ennemis sont nombreux. L'artillerie de siege est arrivée. La patrie attend de vous de grandes choses. Vous justifierez son attente; vous brûlez tous de porter au loin la gloire du peuple français, d'humilier les rois orgueilleux qui méditaient de nous donner des fers, de dicter une paix glorieuse qui indemnise la patrie des sacrifices qu'elle a faits. Vous voulez tous, en rentrant dans le sein de vos familles, dire avec fierté : *J'étais de l'armée conquérante de l'Italie.*

« Amis, je vous la promets, cette conquête; mais il est une condition qu'il faut que vous juriez de remplir, c'est de respecter les peuples que vous délivrerez de leurs fers; c'est de réprimer les pillages, auxquels se portent des scélérats suscités par nos ennemis. Sans cela, vous ne seriez pas les libérateurs des peuples, vous en seriez le fléau. Le peuple français vous désavouerait : vos victoires, votre courage, le sang de vos frères morts en combattant, tout serait perdu, surtout l'honneur et la gloire. Quant à moi et aux généraux qui ont votre confiance, nous rougirions de commander une armée qui ne connaîtrait de loi que la force; mais, investi de l'autorité nationale, je saurai faire respecter à un petit nombre d'hommes sans cœur les lois de l'humanité et de l'honneur, qu'ils foulent aux pieds; je ne souffrirai pas que des brigands souillent vos lauriers.

« Peuples d'Italie, l'armée française vient chez vous pour rompre vos fers; le peuple français est l'ami de tous les peuples. Venez avec confiance au-devant de nos drapeaux. Votre religion, vos propriétés et vos usages seront religieusement respectés. Nous faisons la guerre en ennemis généreux; nous n'en voulons qu'aux tyrans qui vous asservissent. »

Cet appel aux peuples de l'Italie fut entendu. Une fermentation sourde se manifesta à Turin; le roi de Sardaigne, effrayé, demanda la paix. Bonaparte l'engagea à envoyer un ambassadeur à Paris, pour en traiter définitivement, et consentit seulement à la conclusion d'un armistice.

La route de Milan était ouverte à l'armée française; mais pour s'assurer la possession de cette route importante, Bonaparte marcha sur Lodi

que gardait le général Sebottendorf, avec dix
mille hommes et vingt pièces de canon. Le pont
de Lodi est long de 50 à 60 toises ; l'ennemi,
croyant pouvoir le défendre, avait négligé de le
couper. Précédé par l'avant-garde française, le
général en chef forma les grenadiers en colonne
serrée, et les lança sur le pont. Cette masse,
accueillie par un feu de mitraille, éprouva un
moment d'hésitation. Les généraux français se
précipitèrent à la tête. Électrisée par leur exemple, la colonne de grenadiers traversa le pont au
pas de charge, culbuta tout ce qu'elle rencontra,
s'empara des batteries de l'ennemi, et dispersa
ses bataillons. Ce beau fait d'armes jeta une profonde consternation dans le camp autrichien. La
victoire de Lodi donnait toute la Lombardie à la
république.

De cette époque date la suprématie de Bonaparte. C'est du palais de Milan qu'il correspond
avec le palais du Luxembourg, et sa correspon-
dance ressemble à celle qui s'établit entre un
souverain et ses ministres. La répartition qu'il
désigne pour les contributions qu'il envoie, la
disposition de ses forces, l'emploi de tous ses
moyens, sont présentés par lui au Directoire
comme des nécessités dont il le rend responsa-

ble ; et d'après l'attitude que prend Bonaparte, le gouvernement semble transiger plutôt qu'ordonner.

Bonaparte donne huit jours de repos à l'armée, mais ces huit jours sont pour lui des jours de travail : il poursuit l'exécution du traité avec le Piémont, prépare ceux qu'il doit imposer au pape et au roi de Naples, termine l'arrangement avec le duc de Parme, conclut l'armistice de Modène, organise les gardes nationales, et introduit les principes républicains par l'ouverture des sociétés populaires.

Instruit, le 29 juillet, que de fortes colonnes ennemies s'avançaient contre lui, il marcha contre elles, les attaqua, et les battit à Lonado et à Castiglione.

Il serait trop long de détailler tous les combats qui eurent lieu jusqu'au jour où il livra, près du village d'Arcole, la bataille de ce nom, qui dura trois jours. C'est dans cette bataille qu'Augereau, saisissant un drapeau, s'élança à la tête des grenadiers jusqu'à la moitié du pont, les appelant à lui, et resta plusieurs minutes exposé au feu le plus terrible ; et ce feu était si vif, que les pelotons qui se succédaient sur le pont étaient écrasés lorsqu'ils arrivaient à portée. Bonaparte, accourant tout-à-coup, se mit à la tête de la colonne, et s'écria : « Soldats, n'êtes-vous donc plus les guerriers de Lodi ! qu'est devenue cette intrépidité dont vous avez donné tant de preuves ? » Aussitôt, descendant de cheval, il s'empare d'un nouveau drapeau, se met à la tête de ses braves, et, à l'exemple d'Augereau, il s'élance sur le pont. Ce fut seulement par de tels efforts que la victoire se détermina en faveur des Français.

La bataille d'Arcole, qui décida du sort de l'Italie, ne put déterminer la cour de Vienne à cesser une lutte qu'il lui était désormais impossible de soutenir avec honneur. Elle envoya de nouveaux renforts pour reprendre l'offensive.

Les deux armées se joignirent sur l'Adige, près de Rivoli, et là un affreux engagement signala leur rencontre ; l'ennemi fut taillé en pièces, culbuté sur tous les points, et forcé de se réfugier dans le Tyrol ; les combats de Saint-Georges et de la Favorite, Wurmser, obligé, quelques jours après, de livrer aux Français le boulevart de la puissance autrichienne en Italie, 45 mille morts ou prisonniers, et six cents bouches à feu tombées en notre pouvoir, tels sont les résultats de ces désastreuses journées pour les généraux de l'empire.

———

Cependant la cour de Vienne, peu corrigée par tant de sanglantes leçons, s'obstine à défendre ses possessions italiennes. Si une armée victorieuse menace la capitale même de l'Autriche, la haine de la révolution française parle encore plus haut que les revers et les dangers dans le conseil aulique. L'archiduc Charles est envoyé pour venger les quatre armées qu'en moins d'un an Bonaparte a détruites. Mais, cette fois, les impériaux, épuisés par tant de défaites, n'ont pas même de leur côté la supériorité du nombre; et, quels que soient le courage et l'habileté de leur général, ils ne peuvent guère espérer que sa capacité supplée la faiblesse numérique, ayant à lutter contre l'ascendant de la victoire, l'héroïsme du soldat républicain et le génie de Bonaparte. Le prince Charles semble, en effet, n'arriver en Italie que pour exposer la maison d'Autriche à recevoir, sur les champs de bataille, dans la personne de l'un de ses membres, un affront qui mette le sceau à tous ceux qu'elle a déjà essuyés par ses généraux. Les Français, ren-

forcés par la jonction de divisions venues d'Allemagne, remportent plusieurs victoires qui leur
ouvrent le Tyrol, et les rendent maîtres des
États de Venise. Ils poursuivent l'archiduc, oc-
cupent toutes les routes qui peuvent conduire à
Vienne par le Tyrol, le Frioul et la Carinthie,
et portent enfin leur quartier-général à trente
lieues de cette capitale. Bonaparte qui, un an
auparavant, partait à peine de Nice pour se rendre à l'armée, se trouve investi, par ses triomphes,
d'une égale prépondérance sur les vainqueurs et
les vaincus, maître en quelque sorte des destinées de la France comme de celles de l'Autriche,
et résolu d'essayer sa puissance en se constituant
l'arbitre unique de la paix. Il envoie ses propositions à Vienne, où l'orgueil diplomatique affecte
de rester étranger à la consternation générale,
et persiste à refuser de négocier avec les généraux de la république, pendant que le roi de
Sardaigne venait de conclure avec elle un traité
offensif et défensif, et que le pape, puni d'avoir
violé la convention de Bologne, renonçait à ses
prétentions sur le comtat Venaissin, et cédait à
perpétuité à la France une partie du territoire de
l'Eglise.

L'opiniâtreté du cabinet autrichien allait devenir funeste à la maison de Lorraine et à la population des Etats héréditaires, lorsque l'imminence d'une bataille qui pouvait être la dernière pour l'empire de Charles-Quint, amena deux généraux ennemis au quartier-général des Français. Bonaparte qui désirait la paix, soit qu'il fût impatient d'en dicter les conditions et de mettre sa volonté au-dessus de celle du Directoire, soit qu'il voulût se donner le loisir de songer à ses projets politiques, ou qu'il craignît de voir renverser, par l'inconstance de la fortune, l'immense réputation dont il attendait tôt ou tard l'investiture du pouvoir suprême, Bonaparte accorda aux commissaires autrichiens un armistice qui fut conclu, le 7 avril, à Judenburg. Le 26 du même mois, les négociations s'ouvrirent à Léoben pour les préliminaires de la paix, et ils furent signés le 29. « Votre gouvernement, dit « le vainqueur du prince Charles aux plénipo- « tentiaires de la cour de Vienne, a envoyé « contre moi quatre armées sans généraux, et « cette fois un général sans armées. »

L'Autriche sentait le besoin de la paix : cependant, dans les conférences qui eurent lieu à Udine, le comte de Cobentzell se débattait contre l'ultimatum présenté par Bonaparte, et assurait que l'Empereur était irrévocablement résolu à s'exposer à toutes les chances de la guerre, à abandonner même sa capitale, plutôt que de consentir à une paix désavantageuse. En même temps, il menaçait de l'intervention des troupes russes; il finit par dire qu'il partirait dans la nuit, et que tout le sang qui coulerait dans cette nouvelle lutte retomberait sur le négociateur français.

Bonaparte déclara qu'il préférait s'en remettre au sort des armes, et dit en se levant : « La « trève est donc rompue et la guerre déclarée; « mais souvenez-vous qu'avant la fin de l'au- « tomne *je briserai votre monarchie comme je* « *brise cette porcelaine.* » En prononçant ces derniers mots, il jeta à terre, avec vivacité, un cabaret de porcelaine que l'impératrice Catherine II avait donné au comte, salua le congrès et sortit. Les plénipotentiaires autrichiens restèrent interdits; peu après, ils apprirent que le général français, en montant à cheval, avait expédié un fficier à l'archiduc Charles, pour le prévenir e, les négociations étant rompues, les hostili- recommenceraient sous vingt-quatre heures. comte de Cobentzell, effrayé, envoya aussi- le marquis de Gallo près de Bonaparte, avec adhésion pleine et entière à l'ultimatum de la France. Le lendemain, 17 octobre, la paix définitive entre la France et l'Autriche fut signée à Campo-Formio.

C'est dans ce fameux traité de paix que le rédacteur ayant mis pour premier article : « L'Empereur d'Allemagne reconnaît la république « française. — Effacez cela, lui dit Bonaparte, « la république française est comme le soleil, « elle aveugle celui qui ne la voit pas. Le peu-« ple français est maître chez lui; il a fait une « république, peut-être demain il fera une aris-« tocratie, après-demain une monarchie : c'est « son droit. »

EXPÉDITION D'EGYPTE.

1798 — 1799.

Enfin, après des campagues dont le souvenir era immortel, Bonaparte, dont la mission en Italie était terminée, et dont le nom remplissait la France et l'Europe, fut promu, par un arrêté du Directoire exécutif du 26 octobre 1797, au commandement en chef de l'armée des côtes de l'Océan, destinée à agir contre l'Angleterre.

Après un séjour de deux mois dans la capitale, et à la suite de quelques explications assez vives avec le Directoire, Bonaparte partit le 10 février 1798, pour se rendre à Dunkerque, et faire la visite des côtes.

A son retour, la situation respective du général et du Directoire n'était ni moins équivoque, ni moins embarrassante. C'est alors qu'il fit par au gouvernement du grand projet qu'il avait nourri secrètement au milieu de ses triomphes. Ce projet était la mémorable expédition d'Egypte.

Le Directoire ne fit aucune difficulté de l'adopter, et même d'en presser l'exécution, n'ayant rien tant à cœur que d'éloigner des affaires un homme dont le génie et la réputation colossale commençaient à lui porter ombrage.

En moins de deux mois tout fut disposé pour l'embarquement. Toulon avait vu dans cet espace de temps organiser dans son port une escadre portant dix mille hommes de mer et trente-six mille de débarquement. La confiance en Bonaparte fut telle, qu'on l'avait laissé maître de choisir dans les armées de la République les généraux et les régiments qui devaient l'accompagner.

Il connaissait déjà les ressources militaires de la France mieux que le ministre de la guerre. Son génie embrassait à la fois l'ensemble et les détails. Il dictait et rédigeait, dans son cabinet, tous les ordres, toutes les instructions relatifs à l'expédition. Ces ordres se succédaient avec une rapidité extraordinaire. Ils parcouraient comme l'éclair la ligne de Civita-Vecchia à Toulon. Bonaparte donnait aux uns, avec une admirable précision, rendez-vous devant Malte; à d'autres, devant Alexandrie. Quand il avait besoin de la signature des chefs du gouvernement, il allait lui-même trouver un des directeurs, afin d'éviter les lenteurs et les retards de la voie administrative. Cette activité porta ses fruits : en moins de deux mois l'armée d'Orient fut prête à embarquer.

Bonaparte, en s'emparant de l'Egypte, avait le projet d'y établir une colonie française, qui aurait remplacée les colonies américaines perdues pour la République; elle aurait en outre servi de base à ses opérations contre l'Inde anglaise. La possession de la Corse, des îles Ioniennes, de Malte et de Candie, devait donner à la France l'empire de la Méditerranée, dont Napoléon a eu si long-temps la belle pensée de faire un *lac français*. Le rétablissement du canal de Sésostris à travers l'isthme de Suez, en réunissant les eaux du golfe de Syrie à celles de la Mer Rouge aurait ouvert à nos vaisseaux la route directe de l'Asie méridionale, et assuré, en quelque sorte, à notre industrie le monopole du commerce du monde. La réussite de l'expédition, dont la conception était due au génie de Napoléon, devait être pour la France une source de richesse et de puissance.

Jaloux d'observer avec fruit ce que le berceau du monde offrait d'utile et de curieux, il obtint aussi d'emmener avec lui un certain nombre de savants et d'artistes qui devaient l'aider de leurs lumières, et enrichir la France du fruit de leurs recherches.

Bonaparte mit à la voile le 19 mai, après avoir annoncé aux soldats les grandes destinées qu'ils avaient à remplir, dans une proclamation dont nous allons citer les principaux fragments.

« Vous êtes, leur dit-il, une des ailes de l'armée d'Angleterre; vous avez fait la guerre des montagnes, de plaines, de sièges, il vous reste à faire la guerre maritime; les légions romaines, que vous avez quelquefois imitées, mais pas encore égalées, combattaient Carthage sar cette même mer, et aux plaines de Zama; le génie de la liberté, qui a rendu dès sa naissance la République l'arbitre de l'Europe, veut qu'elle le soit encore des mers et des nations les plus lointaines. »

Ces paroles électrisèrent l'armée, elles furent accueillies avec enthousiasme. Tous ignoraient encore vers quels parages devaient se tourner les proues, nul ne s'en inquiétait : c'était assez pour eux de suivre Bonaparte : « Il est avec nous, « s'écriaient-ils, nous allons à la victoire. »

Immédiatement après, l'escadre, sous les ordre de l'amiral Brueys, et ses bâtiments de transports, au nombre de quatre cents, sortirent de la rade, longèrent les côtes de la Provence, passèrent à la vue du cap Corse, cotoyèrent la

Sicile, et se portèrent devant l'île de Malte, dont il était important de s'assurer pour le succès de l'expédition. Le grand-maître refusa de laisser entrer la flotte dans le port : ce fut le prétexte des hostilités. Nos troupes débarquèrent et s'emparèrent de la cité Vieille sans tirer un seul coup de fusil. Le lendemain, au moment où l'artillerie des forts commençait à jouer, la population de la cité Valette se révolta et força le grand-maître à faire cesser le feu et à capituler.

Après avoir laissé une garnison dans cette importante place, et donné au général Vaubois les instructions nécessaires à sa défense, Bonaparte se hâta de remettre à la voile pour se diriger vers le but de son expédition.

Le 1er juillet, les minarets d'Alexandrie montrèrent le but du voyage ; un vaste cri de joie retentit sur la flotte, et chaque soldat, regardant la conquête de cette terre d'Egypte comme assurée, appela de ses vœux l'heure du débarquement

Dans une proclamation courte, mais énergique, Bonaparte instruisit les soldats de tout ce qu'il leur importait d'apprendre en débarquant sur cette terre, où tout serait nouveau pour eux, soit relativement à la manière de combattre leurs ennemis , soit sur le respect et les égards qu'il était utlie de montrer pour leur religion, leurs mœurs et leurs usages.

Dans la crainte d'être surpris par la flotte anglaise , sous les ordres de l'amiral Nelson , Bonaparte pressa son débarquement , malgré toutes les difficultés qu'opposait la côte , et dès le soir même cette opération eut lieu. A l'instant où il descendait dans la semi-galère qui devait le porter à terre, une voile, qui fut signalée comme ennemie, lui arracha cette exclamation : « Fortune, « m'abandonnerais-tu ? Quoi ! seulement cinq « jours! » La fortune se montra fidèle à ce vœu, et on reconnut bientôt que le bâtiment signalé était la frégate *la Justice*, qui arrivait de Malte.

Le 2 juillet, Bonaparte passa ses troupes en revue , et le 5 du même mois , après avoir emporté Alexandrie d'assaut, et avoir nommé le général Kléber gouverneur de cette place, il se dirigea sur le Caire, à travers le désert, en longeant le canal qui conduit les eaux du Nil à Alexandrie dans le temps des inondations.

Ce fut le 12 juillet, à Ramanieh, que les Mamelucks se montrèrent aux troupes françaises pour la première fois.

Le 14, au soir, l'armée arriva en vue du village de Chebreis, où l'attendaient quatre mille Mamelucks et une multitude d'Arabes. Secondé par l'artillerie d'une flotille qui le suivait, Bonaparte leur tua beaucoup de monde, et continua sa marche. Enfin, le 23 juillet, au moment où le soleil paraissait sur l'horizon, l'armée aperçut les pyramides. A l'aspect de ces masses antiques, qui se dessinaient au loin sur un ciel bleuâtre, elle s'arrêta, saisie de respect et d'admiration. « Soldats, s'écria Bonaparte, vous allez combattre « les dominateurs de l'Egypte ; songez que du « haut de ces monuments, quarante siècles vous « contemplent ! » et le plus noble enthousiasme animait sa figure.

Attaqués par les Mamelucks commandés par Mourad-Bey, les Français les attendirent à dix pas, les écrasèrent de leur feu, et firent sur le champ de bataille un butin immense.

Le même jour, Bonaparte entra au Caire, et mit fin aux excès auxquels la populace s'était livrée après le départ des Mamelucks. Maître de la capitale, il fit occuper la province du Delta par un corps de troupes, et se mit à la poursuite d'Ibrahim, qui, retiré à Belbéis, paraissait disposé à tenir la campagne; il l'atteignit à Salahnié, en Syrie; mais l'ennemi s'enfonça dans le désert.

Le succès de l'expédion paraissait complet, l'armée de terre avait réussi dans toutes ses entreprises; mais l'armée navale éprouva un désastre qui porta un coup fatal aux espérances du général en chef. L'escadre française était restée, malgré ses ordres, dans la rade d'Aboukir : elle y fut attaquée et détruite par l'amiral Nelson.

Désormais tout espoir de retraite était enlevé à l'armée française. Il ne lui restait plus d'autre alternative que de vaincre ou de périr.

En apprenant la terrible catastrophe d'Aboukir, le général en chef vivement affecté, mais non pas abattu, surmontant une impression qui n'était pas dans son caractère, dit à l'armée: Nous « n'avons plus de flotte; eh bien ! il faut rester « ici, ou en sortir grands comme les anciens. »

Les difficultés qui entouraient Bonaparte le contraignaient à rattacher les habitans de l'Egypte à sa cause. en tirant constamment parti de la superstition musulmane. C'est dans ce but politique qu'il assista aux fêtes nationales du peuple, à la rupture de la digue des eaux du Nil, à la célébration de la fête de Mahomet. Il accueillait avec bienveillance les scheicks et les imans, causait fréquemment avec eux, cherchait à s'instruire des besoins du pays et des moyens d'amélioration; et même parfois, pour flatter leurs préjugés religieux, il leur laissait habilement entrevoir que l'armée républicaine ne serait pas éloignée d'embrasser le culte de Mahomet.

L'administration juste et régulière de Bonaparte portait ses fruits. Les sentiments des Arabes commençaient à devenir favorables aux Français, dont la domination était évidemment plus douce et plus supportable que celle des Mamelucks. Encore quelques mois, et le but du général en chef aurait été atteint. Des agents secrets de la Porte-Ottomane vinrent changer ces bonnes dispositions, en réveillant et en excitant le fanatisme d'une populace grossière.

Le 28 octobre, une révolte éclate au Caire, quantité de Français, et notamment le général Dupuy, commandant de la place, venaient d'en être les victimes, lorsque arrivant de Gisez, dont il avait visité les Pyramides, Bonaparte déploya contre les rebelles la terrible puissance que la guerre avait mise dans ses mains. Tout rentra dans le devoir après vingt-quatre heures de carnage.

Le Caire était soumis ; Bonaparte, dans le projet de résoudre le problème de la jonction de la mer Rouge avec la Méditerranée, se rendit à Suez. Après avoir visité le port, et donné des ordres pour des ouvrages de fortifications et de marine, il alla visiter la fontaine de Moïse ; en revenant, on arriva, le soir, au bord de la mer ; la nuit était profonde, la marée montait, on se trouva au milieu de l'eau ; on ne se voyait plus, mais on criait, on s'appelait. Bonaparte courut le plus grand danger, et faillit périr de la même manière que Pharaon poursuivant les Hébreux à la sortie d'Egypte. Ce fut à Suez qu'il reçut l'avis qu'une armée turque projettait d'entrer en Egypte, et que Djezzar, pacha de Saint-Jean-d'Acre, réunissait des troupes pour la renforcer. Pour déconcerter ces projets, Bonaparte se décide à marcher sur la Syrie.

De retour au Caire, il s'empressa de réunir et de mettre en mouvement les troupes qu'il destinait à faire la conquête de cette contree, et partit à la tête de treize mille hommes; après des marches où se renouvelèrent les fatigues et les souffrances que les soldats avaient éprouvées lors de leur premier voyage dans le désert, la petite armée fut réunie devant El-Arich.

Malgré les privations de toute espèce, les sièges qu'il fallut faire, elle franchit rapidement la distance qui la séparait de Saint-Jean-d'Acre.

Dans cette marche, le fort d'El-Arich capitula après quatre jours de siége. Ghazah, abondamment approvisionnée, se rendit sans coup férir. La ville de Jaffa, l'antique Joppée, après un siége de quelques jours, fut emportée de vive force et saccagée par les soldats, indignés de ce que le commandant turc avait fait trancher la tête à un parlementaire envoyé la veille par le général en chef. Deux mille hommes, reste de la garnison massacrée dans la ville, retirés dans un caravanserail, y furent faits prisonniers. L'impossibilité de les conduire en Egypte, le manque de vivrès, et la certitude que ces hommes, renvoyés sur parole, iraient aussitôt renforcer les troupes du pacha de Saint-Jean-d'Acre, imposèrent au conseil de généraux rassemblés pour décider ce qu'il en fallait faire, la pénible obligation de déclarer que le salut de l'armée exigeait leur mort. Le général en chef laissa exécuter cette condamnation avec la plus vive douleur ; mais c'était son devoir : la nécessité est impérieuse et impitoyable.

La peste, dont quelques bataillons avaient apporté le germe d'Egypte, se déclara pendant le séjour à Jaffa, et fit de grands ravages dans l'armée. La stupeur était universelle ; c'est alors que Bonaparte, pour combattre le découragement qui se manifestait parmi les soldats, entreprit de leur persuader que la maladie qui régnait n'était point la peste, et nullement contagieuse. Il entra dans toutes les salles des pestiférés, et toucha les plaies des malades, en leur disant « Vous voyez bien que ce n'est rien. »

Quand il eut quitté l'hôpital, on lui reprocha son imprudence ; il répondit avec calme : « C'est mon devoir, je suis général en chef. »

Arrivé devant Saint-Jean-d'Acre, il en commença aussitôt le siége ; mais, privé de grosse artillerie, et l'ennemi recevant chaque jour des

Anglais de nouveaux renforts, il dut renoncer à son entreprise, et se replover sur l'Egypte. Dans le trajet, le général en chef faillit être assassiné. Un Arabe de Naplouse, embusqué dans un buisson, lui tira, presque à bout portant, un coup de fusil qui ne l'atteignit point; ce misérable s'enfuit, et réussit à gagner, au milieu de la mer, un rocher où il espérait être à l'abri de toute vengeance; mais les balles de nos soldats en firent justice.

La peste n'avait pas cessé de frapper des victimes. Bonaparte fit une nouvelle visite à l'hôpital, et donna l'ordre d'évacuer sur l'Egypte tous ceux qui pourraient supporter le transport. Cet ordre fut exécuté. Cependant, quelques années après, les ennemis de l'Empereur l'ont accusé d'avoir ordonné l'empoisonnement de ses soldats frappés par la peste. Depuis, la question a été scrupuleusement examinée, et on peut affirmer qu'aucun empoisonnement de pestiférés n'a eu lieu à Jaffa.

Les Français, en retrouvant au Caire toutes les jouissances de la vie oublièrent les journées du désert, et les périls de Saint-Jean-d'Acre.

Toujours résolu de délivrer l'Egypte des Français, le Grand-Seigneur y dirigea par mer, sous le commandement de Mustapha - Pacha, dix-huit mille Osmanlis, qui débutèrent par s'emparer du fort d'Aboukir.

Bonaparte se porta, avec 5,000 hommes, au-devant de l'ennemi, et, après avoir reconnu ses positions, l'attaqua avec vivacité et en fit un grand carnage : les champs d'Aboukir vengèrent la défaite que nous avions éprouvée dans sa rade. Cernés par nos baïonnettes, nos canons et la mer, pas un Turc n'échappa. Mustapha, fait prisonnier, fut envoyé lui-même comme un trophée au Caire; la garnison du fort se rendit après quelques jours de bombardement.

La bataille d'Aboukir couronna glorieusement les travaux de Bonaparte en Egypte ; aussi le brave et loyal Kléber, après la victoire, s'écria-t-il, en le serrant dans ses bras : « Général, vous « êtes grand comme le monde. »

De retour à Alexandrie, le 31 juillet, Bonaparte adressa à toute l'armée un ordre du jour, dont l'étendue ne nous permet que de donner un extrait rapide; il produisit sur elle une impression d'autant plus profonde, qu'il lui présageait comme prochain le retour dans sa patrie.

« Soldats, y disait le général, la journée du
« .7 thermidor a rendu le nom d'Aboukir glo-
« rieux à tous les Français ; la victoire que l'ar-
« mée vient de remporter accélère son retour
« en France, etc., etc. »

Les vainqueurs, en effet, s'épuisaient à travers
tant de combats et de triomphes, et Bonaparte,
averti, par les résultats de la campagne de Syrie
comme par les soulèvements populaires de l'E-
gypte, des difficultés qu'il aurait à surmonter
pour établir aux rives du Nil une domination
durable, et y accomplir les hautes destinées
auxquelles il se sentait appelé, tourna sérieuse-
ment ses regards vers la France.

Bonaparte connaît son affreuse situation : trois
membres du Directoire lui ont écrit, non-seule-
ment pour réclamer son retour, mais pour solliciter encore celui de l'armée.

Il se disposa dès-lors à retourner en Europe,
et à braver les périls d'une traversée hasardeuse.

Pour achever de coloniser l'Égypte pacifiée,
il remit le commandement à Kléber, avec des
notes sur les ressources de l'armée en Égypte,
et sur l'état de ce pays. Voici quelques passages des instructions de Bonaparte.

« Accoutumé à ne voir la récompense des peines et des travaux de la vie que dans l' op nion de la postérité, j'abandonne l'Egypte avec le plus grand regret. L'intérêt de la patrie, sa gloire, l'obéissance, les événements extraordinaires qui viennent de se passer, me décident à traverser les escadres ennemies pour me rendre en Europe.

« L'armée que je vous confie est toute composée de mes enfants. J'ai eu dans tous les temps, même au milieu de leurs plus grandes peines, des marques de leur attachement. Entretenez-les dans ces mêmes sentiments, vous le devez pour l'amitié et l'estime toutes particulières que j'ai pour vous, et l'attachement que je vous porte. BONAPARTE. »

Deux frégates, *la Muiron* et *la Carrère*, échappées au désastre d'Aboukir, ayant été secrètement préparées pour recevoir Bonaparte et sa suite, il s'embarqua presque en vue d'une corvette angl' ise. L'apparition du bâtiment ennemi inspirait de vives inquiétudes à ses compagnons de voyage; on tremblait d'être surpris, or. voulait rentrer à Alexandrie : « Ne craignez « rien, dit Bonaparte, nous passerons; la for- « tune ne nous trahira pas; nous arriverons en

« dépit des Anglais. » En effet, après quarante-huit jours d'une navigation difficile sur une mer couverte de vaisseaux ennemis, les frégates, habilement dirigées par l'amiral Gantheaume, mouillèrent, le 9 octobre, dans le port de Fréjus. Bonaparte y débarqua au milieu d'unanimes acclamations, et partit pour Paris, où il entra le 16 octobre 1799. La nouvelle de son arrivée se répandit par toute la France, et la confiance d'un meilleur avenir rentra dans tous les cœurs : le peuple pressentait que Bonaparte allait être le sauveur de la patrie.

Tous les mémoires de cette époque, écrits par des hommes de tous les souvenirs sont d'accord sur l'enthousiasme, la joie extrême que ressentit, alors, l'immense majorité des Français ; elle comprenait que lui seul pouvait étouffer l'anarchie et consolider la révolution tant à l'intérieur qu'à l'extérieur ; que lui seul avait le bras assez fort pour arracher des mains de tous les partis les armes dont ils se servaient les uns contre les autres, et pour les réconcilier et les fondre dans un seul parti, celui de l'indépendance et de l'honneur national.

REVOLUTION
DU 18 BRUMAIRE AN VIII.

Consulat provisoire.

1799 — 1780.

Après avoir écouté les chefs des divers partis qui tiraillaient la France dans tous les sens, Bonaparte n'eut pas de peine à reconnaître que lui-même était un parti, et qu'au lieu de les aider, il lui était facile de les faire servir à son élévation. A l'instant où il toucha le sol de la France, l'opinion publique le porta au pouvoir, et lui décerna la longue dictature dont il avait besoin pour remplir sa haute mission.

Ayant concerté avec ses partisans la marche à suivre pour l'exécution de ses projets, il fit jouer tous les ressorts qui devaient amener une espèce de révolution dans le gouvernement, et les 18 et 19 brumaire an VIII (9 et 10 novembre 1799), virent s'accomplir ses desseins.

Le 17, sous le prétexte d'un voyage qu'il allait entreprendre, il fit dire à tous les officiers et aux généraux dont il connaissait le dévoûment,

qu'il les recevrait le lendemain, et aux régiments
qu'il les passerait en revue le même jour. Moreau se
mit à sa disposition. Murat, Leclerc et Sébastiani
se chargèrent de disposer favorablement les troupes. La révolution qui se préparait fut faite moitié législativement et moitié militairement. Le
Conseil des Anciens, pour mettre les Conseils à
l'abri des attaques des démagogues et des parti-
sants du Directoire, si les uns et les autres cherchaient à soulever la populace de la capitale,
avait ordonné, le 9 novembre, la translation du
Corps-Législatif à Saint-Cloud, et investi Bonaparte du commandement des troupes.

La majorité du Directoire connaissait vague-
ment la révolution qui se préparait; la minorité
l'approuvait. Bonaparte, après avoir passé en
revue les troupes, au nombre de 8,000 hommes,
envoya à Barras, à Moulins et à Gohier, l'invita-
tion de donner leur démission. Moulins la donna.
Gohier la refusa. Barras hésita, et finit par céder.

Le Directoire ainsi dissous, Bonaparte se trouvait seul chargé du pouvoir exécutif de la République.

Le Conseil des Cinq-Cents, obligé d'obéir au
décret du Conseil des Anciens, s'était ajourné
au lendemain à Saint-Cloud.

Les ministres du Directoire reconnurent la nouvelle autorité.

Le lendemain, à Saint-Cloud, Augereau, opposé à Bonaparte, lui dit : « Eh bien ! vous « voilà dans une *jolie* position ! — Augereau, « répondit Bonaparte, souviens-toi d'Arcole : « les affaires paraissaient être bien plus désespé- « rées. Crois-moi, reste tranquille, si tu ne veux « pas en être la victime : dans une demi-heure « tu verras comment les choses tourneront. » Le général Lefebvre lui fit aussi de violents re- proches, auxquels Bonaparte répondit froide- ment : « Général, vous êtes une des colonnes de « la république ; je veux la sauver aujourd'hui « avec vous, et la délivrer des avocats qui per- « dent notre belle France. — Les avocats ! ré- « pondit le général Lefebvre, oui, vous avez « raison, il faut les chasser. Vous pouvez comp- « ter sur moi. »

Bonaparte entra au Conseil des Anciens, et, se plaçant à la barre en face du président : « Vous êtes sur un volcan, leur dit-il, la Répu- « blique n'a plus de gouvernement ; le Direc- « toire est dissous ; les factions s'agitent. L'heure « de prendre un parti est arrivée. Vous avez « appelé mon bras et celui de mes compagnons

« d'armes au secours de votre sagesse ; mais les
« instants sont précieux : il faut se prononcer.
« Je sais qu'on parle de César, de Cromwell,
« comme si l'époque actuelle pouvait se compa-
« rer aux temps passés. Non, je ne veux que le
« salut de la République, et qu'appuyer les
« décisions que vous allez prendre.... Et vous,
« grenadiers, dont j'aperçois les bonnets aux
« portes de cette salle, dites-le : vous ai-je trom-
« pés ? ai-je jamais trahi mes promesses, lorsque
« dans les camps, au milieu des privations, je
« vous promettais les succès, l'abondance ; et
« lorsqu'à votre tête je vous conduisais de vic-
« toire en victoire, dites-le maintenant, était-ce
« pour mes intérêts ou pour ceux de la Répu-
« blique ? »

Les grenadiers, électrisés, et agitant en l'air
leurs bonnets et leurs armes, semblaient tous
dire : « Oui, c'est vrai ! il a toujours tenu pa-
« role. »

Alors un membre se leva, et, d'une voix forte,
s'écria : « Général, nous applaudissons à ce que
« vous dites : jurez donc avec nous obéissance à
« la Constitution de l'an III, qui peut seule main-
« tenir la République. » L'étonnement que cau-
sèrent ces paroles produisit le plus grand silence.

Bonaparte se recueillit un moment, puis il reprit avec chaleur : « La Constitution de l'an III! « vous n'en avez plus; vous l'avez violée au « 18 fructidor, quand le Gouvernement a at- « tenté à l'indépendance du Corps-Législatif; « vous l'avez violée au 30 prairial, quand le « Corps-Législatif a attenté à l'indépendance du « Gouvernement; vous l'avez violée au 22 flo- « réal, quand, par un décret sacrilége, le Gou- « vernement et le Corps-Législatif ont attenté « à la souveraineté du peuple, en cassant les « élections faites par lui. La Constitution violée, « il faut un nouveau pacte; il faut de nouvelles « garanties.»

Les trois quarts des membres se levèrent en signe d'approbation : un seul se prononça con- tre. En ce moment, on vint prévenir Bonaparte que, dans le Conseil des Cinq-Cents, l'appel nominal était terminé et que l'on voulait forcer le président Lucien à mettre aux voix la mise hors la loi de son frère. Bonaparte s'adressa de nouveau au Conseil des Anciens, qui s'était for- mé en comité secret.

« Ne nous divisons point, leur dit-il; associez « votre sagesse et votre fermeté à la force qui « m'entoure. Je vais au Conseil des Cinq-Cents...

« Tremblerai-je devant des factieux, moi que la
« coalition n'a pu détruire ! Si je suis un per-
« fide, soyez tous des Brutus !... Et vous qui
« m'accompagnez, braves grenadiers, que je
« vois autour de cette enceinte, que ces baïon-
« nettes, avec lesquelles nous avons triomphé
« ensemble, se tournent contre mon cœur.
« Mais si quelque orateur, soldé par l'étranger,
« ose prononcer les mots de *hors la loi*, que le
« foudre de guerre l'écrase à l'instant même.
« Souvenez-vous que je marche accompagné du
« dieu de la guerre et de la fortune. »

Bonaparte entra seul dans la salle. Les grenadiers, voyant l'exaspération des députés, avaient
obéi avec regret à son ordre, de faire halte en
dehors de la salle. Mais le général ne fut pas
plutôt aperçu, que deux ou trois cents membres se levèrent subitement en s'écriant : *Mort
au tyran ! à bas le dictateur* ! Ils s'élancèrent
vers Bonaparte, les uns le menaçant du poing,
d'autres armés de poignards : leurs vociférations
étouffèrent sa voix. Alors les grenadiers se précipitèrent dans la salle, et culbutant, le sabre
à la main, tout ce qui s'opposait à leur passage,
ils le rejoignirent, et l'entraînèrent dehors (1).

(1) A. Hugo.

Bonaparte descendit dans la cour du château, monta à cheval, et donna l'ordre d'aller délivrer le président.

Un officier, suivi d'un peloton de soldats, s'avança jusqu'à la tribune, plaça le président au milieu en lui disant, « c'est par ordre de votre frère. »

Arrivé dans la cour, Lucien s'écria : « Géné-
« ral, et vous, soldats, le président du Conseil
« des Cinq-Cents vous requiert d'employer la
« force contre ces factieux. Le Conseil des Cinq-
« Cents est dissous. »

Le général ordonna à Murat de faire évacuer la salle, en recommandant aux grenadiers de ne commettre aucun excès.

Quand les soldats entrèrent au pas de charge, ces fiers députés se dispersèrent et prirent la fuite, les uns en sautant par les fenêtres, les autres en abandonnant, pour être plus légers dans leur course, leurs toges, leurs toques, leurs écharpes. En un instant la salle fut vide.

Le même soir, le pourvoir exécutif fut remis aux mains de trois consuls provisoires. Bonaparte, Sieyès et Roger-Ducos, qui prétèrent, entre les mains du président du Conseil des Cinq-Cents, le serment de *fidélité inviolable à la souverai-neté du peuple, à la République française*, etc.

2ᵐᵉ CAMPAGNE D'ITALIE.

—

Marengo.

1800.

La nation française venait de se placer sous la protection de l'épée victorieuse de Napoléon Bonaparte.

Pour justifier sa confiance, le premier consul ne tarda pas à réaliser sa pensée de reconquérir l'Italie, que les Français avaient perdue pendant son expédition d'Egypte. « Soldats! » disait-il dans une proclamation, « l'Europe se souviendra « que vous êtes de la race des braves qui l'ont déjà étonnée. »

Il se mit en personne à la tête de l'armée qui gravit, avec un matériel immense, malgré tous les obstacles de la nature et les efforts des ennemis, les effrayantes sommités du mont Saint-Bernard, et descendit, après avoir pris quelque repos et des rafraîchissements, du climat affreux des Lapons sous le ciel enchanteur de l'Italie.

L'armée avait mis quatre jours à passer le mont Saint-Bernard; elle avait occupé le mont

3

Cenis, pris Suze, le château de Brunette et Aoste, lorsqu'un obstacle imprévu faillit arrêter sa marche victorieuse.

Le fort de Bard, bâti sur une roche de forme pyramidale, à la rive gauche de la Doire, barrait entièrement le passage. Bonaparte, à son arrivée, reconnut dans la montagne de gauche un sentier de chèvre par lequel l'infanterie put tourner le fort en défilant homme par homme ; ce sentier, élargi ensuite, servit au passage de la cavalerie : restaient les canons et les caissons. Nous étions maîtres de la ville que traverse la route dans une rue unique, enfilée par le canon du fort. On couvrit ce chemin de matelas et de fumier, les roues des voitures furent entourées de paille, les canons couverts de feuilles et de branchages. Pendant la nuit, les soldats, s'attelant à la bricole, les traînèrent dans le plus grand silence, et passèrent ainsi à portée de pistolet des batteries ennemies : ce passage périlleux dura plusieurs nuits. Le fort ne fut pris que quelques jours après.

Les jours suivants furent marqués par des succès importants obtenus par les généraux Lannes et Murat, à la suite desquels Bonaparte, le 2 juin, entra dans Milan.

Le 9 juin, l'armée gagna, contre le général Ott, la bataille de Montebello, où le général Lannes fit des prodiges de valeur. L'ennemi fut chassé de toutes ses positions avec une perte considérable.

Cette victoire consterna les partisans de la maison d'Autriche, et fut, en quelque sorte, le signal de l'affranchissement de l'Italie, consommé le 14 juin, par la bataille de Marengo.

Le 13 juin, les deux armées se trouvèrent en présence, sur la rive droite du Pô, et à peu de distance du village de Marengo. Le lendemain, à la pointe du jour, l'armée autrichienne déboucha au travers du long défilé de la Bormida et des marais qui le couvrent. Elle avait quarante mille hommes au commencement de l'action, l'armée française en ligne ne comptait alors que vingt mille hommes.

Malgré les efforts et le courage de Victor, de Lannes, de Kellermann, quatre divisions françaises avaient été battues et enfoncées; la bataille semblait bien près d'être perdue. L'action cependant se maintenait. Le général Berthier étant alors venu annoncer au premier Consul que l'armée commençait à entrer en déroute, celui-ci lui répondit : « Général, vous ne me dites pas

cela de sang-froid. » A l'instant, Bonaparte se
porte sur le champ de bataille, donne des ordres
pour faire avancer les divisions Monnier et Desaix. « Soldats, s'écrie-t-il, c'est avoir fait trop
« de pas en arrière, le moment est arrivé de
« marcher en avant; souvenez-vous que mon
« habitude est de coucher sur le champ de ba-
« taille. » L'armée répète avec joie le cri de
l'attaque générale ordonnée sur toute la ligne.

Ces divisions arrivées, le premier Consul envoie l'ordre au général Desaix de se précipiter,
avec sa division toute fraîche, sur une colonne
ennemie de 6,000 grenadiers de Zach. Desaix
fait ses dispositions, et marche à la tête de 200
éclaireurs; mais il est frappé d'une balle au cœur,
et tombe raide mort entre les bras du colonel
Lebrun, au moment où il venait d'ordonner la
charge. On vint en donner la nouvelle à Bonaparte, qui ne répondit que ces mots : « Pour-
« quoi ne m'est-il pas permis de pleurer ! » (1).

Jusqu'à quatre heures du soir les destins paru-
rent balancer, mais bientôt, à la voix du premier
Consul, le désordre et la mort dispersèrent les

(1) Desaix en tombant prononça, dit-on, ces paroles, qui
sont gravées sur le monument qu'on lui a élevé à Paris,
place Dauphine : « Allez dire au premier consul que je meurs
avec le regret de n'avoir pas assez fait pour la postérité. »

rangs ennemis. Le résultat de cette bataille fut la conquête de l'Italie.

Malgré la victoire qu'il venait de remporter, le premier consul était triste et morne : « Desaix « n'est plus, s'écriait-il ! mon brave Desaix ! « j'ai perdu mon meilleur ami, personne comme « moi ne savait tout ce qu'il y avait de vertus « dans son cœur et de génie dans sa tête !... il « avait toujours souhaité de mourir ainsi, mais « ce vœu devait-il être exaucé si tôt ! »

On éleva un tombeau à Desaix sur le mont Saint-Bernard pour attester les regrets de la France et du premier consul.

Le même jour, dans une autre partie du monde, tombait, sous le poignard d'un assassin, un des généraux que Bonaparte estimait le plus, l'illustre Kléber, couronné des récents lauriers d'Héliopolis. Bonaparte n'était pas là ; l'Egypte fut perdue pour les Français.

Le premier Consul laissa, après cette victoire, le commandement de l'armée à Masséna, et vint recueillir, à Paris, au milieu des acclamations populaires, le prix de cette étonnante campagne.

CONSULAT A VIE.

CONSULAT A VIE.

Paix général. — Administration. — Traités de Lunéville et
d'Amiens.

1801. — 1802.

L'administration régulière qui régit la France
est un des résultats du gouvernement de l'empereur Napoléon. Mais nous, qui jouissons maintenant des fruits et des créations de son génie,
nous oublions que c'est à lui que nous devons
cette organisation facile et vigoureuse de l'Etat ;
un corps judiciaire respectable ; une armée régulière, disciplinée, habillée et payée ; un trésor
dont la comptabilité est claire et facile à surveil-
ler ; des impôts établis légalement, et perçus
d'après des règles égales pour tous ; des codes
aussi parfaits que les hommes peuvent les faire,
uniformes pour toute la France ; un gouvernement dont la hiérarchie bien coordonnée assure
l'action protectrice et continue. En présence de
tant d'ordre, nous ne nous figurons pas le chaos,
nous ne concevons pas l'anarchie complète, la
désorganisation générale, et nous n'imaginons

pas ce qu'a fait pour la France le Consulat de Bonaparte ; et cependant, s'il fallait le résumer en peu de mots, il conviendrait de dire : « Rien « n'existait ; tout a été créé. »

Par sa conduite privée, il a donné aux Français l'exemple d'une vie laborieuse et simple, mêlée de peu de plaisirs, et de plaisirs nobles, tels que ceux du théâtre, et particulièrement de la scène tragique. Ni son rang, ni sa gloire n'ont pu lui rendre indifférents ni les amis qui lui furent dévoués, ni les hommes que l'intérêt public a engagés avec lui dans des périls communs, ni les douceurs de la vie domestique et de l'union conjugale. Il a remis en honneur le travail, l'amitié, le mariage, ces trois grandes garanties du bonheur particulier (1).

L'armée d'Allemagne avait répondu dignement aux succès de l'armée d'Italie. Tandis que la victoire et la paix rattachaient les esprits au premier consul, l'administration intérieure du pays était entièrement dirigée dans l'intérêt de la gloire et de la prospérité nationale. Cette heureuse situation des choses ôtait toute espérance aux divers partis qui, dans un but d'intérêt personnel, désiraient encore des révolutions ; mais

(1) A. Hugo.

la vie du Premier Consul était la seule garantie de repos et d'avenir pour le pays. Cette vie précieuse fut menacée. Des républicains fanatiques, Topino-le-Brun, Arena, Demerville, Cerracchi, formèrent le complot de l'assassiner. Leur projet fut déjoué : mais, à peine échappé à ce danger, Bonaparte faillit périr par l'explosion d'une machine infernale, œuvre des royalistes Carbon et Saint-Réjean, autres misérables fanatiques qui pensaient que le but justifie les moyens, et se seraient aussi fait gloire d'un assassinat.

La paix de Lunéville fut, dans la même année, suivie de traités qui réconcilièrent la France avec le reste de l'Europe continentale; un concordat négocié avec avec le pape par le cardinal Fesch, et dans lequel les libertés gallicanes avaient été respectées, fut conclu. Enfin, après avoir signé un traité de paix avec la Russie, et rétabli des relations amicales avec la Porte, les vœux de Bonaparte furent comblés par un traité conclu à Amiens entre la France, l'Angleterre, l'Espagne et la Hollande. Ce traité ne doit être cependant considéré que comme une trève, car il fut rompu peu de temps après.

Les consuls n'avaient été primitivement nommés que pour cinq ans. Bonaparte désira bientôt que ce terme fût prolongé *légalement*, et le sénat rendit, le 7 juin 1802, un sénatus-consulte qui prorogea de dix années la magistrature consulaire dans la personne de Bonaparte.

La question, soumise au vote populaire, fut plus complète : *Napoléon Bonaparte sera-t-il consul à vie ?* Elle fut résolue affirmativement presqu'à l'unanimité pour les trois consuls.

La révolution anéantissant les anciens usages, avait jeté une défaveur marquée sur les différents ordres honorifiques institués par nos rois. Bonaparte sentit la nécessité d'enflammer le courage militaire par une récompense, seul fruit du mérite personnel, et d'entretenir ainsi dans l'armée une véritable émulation ; il institua la Légion - d'Honneur. La croix d'Honneur ne fut pas seulement destinée aux militaires, mais elle décora encore les savants, les hommes de lettres, les artistes distingués ; elle fut en outre accordée à toutes les personnes qui s'étaient signalées par leur humanité et leur bienfaisance.

Cependant l'opinion presque générale de l'Angleterre s'élevait contre l'exécution du traité d'Amiens. Le Gouvernement chargea lord With-worth, son ambassadeur à Paris, de plusieurs propositions qui furent repoussées, et la France déclara la guerre à l'Angleterre.

Pourquoi faut-il que nous ayons à terminer le récit des grandes choses faites par le Premier Consul, en rappelant un événement déplorable, la mort du duc d'Enghien. L'Empereur, à Sainte-Hélène, dans sa large intelligence des obligations imposées à ceux qui tiennent le pouvoir, a voulu être chargé seul de la responsabilité. Pour apprécier jusqu'à quel point cette responsabilité doit peser sur lui, il convient de bien connaître quelles circonstances amenèrent cette catastrophe (1).

Le duc d'Enghien était venu récemment habiter Ettenheim, dans le duché de Bade, sur la frontière de France, et sa présence se liait à l'entreprise de Pichegru, mais seulement sous le rapport d'une insurrection royaliste à Paris; la police ne perdait de vue aucune de ses démarches, et savait qu'il devait pénétrer en France du côté de l'est, tandis que le duc de Bèrri tenterait de soulever la Vendée. Le 14 mars, le duc d'Enghien fut enlevé par un corps de soldats français et de gendarmes, conduit à Paris avec le plus profond secret, transféré au château de Vincennes, et traduit la nuit

(1) A. Hugo.

même, devant une commission militaire composée de huit officiers désignés par Murat, et présidée par le général Hullin. Déclaré coupable d'avoir porté les armes contre la République, d'avoir intrigué avec l'Angleterre, et entretenu des intelligences dans Strasbourg, pour s'emparer de la place, le malheureux duc fut condamné à mort, et fusillé, à quatre heures du matin, dans les fossés du château.

En thèse générale, l'exécution du duc d'Enghein fut un double malheur. Elle a été la cause spécieuse de la première guerre de la Russie contre la France ; on la motiva sur la violation du territoire du grand duc de Bade, beau-père de l'empereur de Russie.

La motion d'élever Napoléon Bonaparte à la dignité impériale, et de déclarer l'empire français héréditaire dans sa famille, partit du Tribunat. Carnot seul se montra opposé à la proposition.

Napoléon Bonaparte, quand il n'eût pas été alors à la tête de l'Etat, était le seul qui fût digne du premier rang, par son administration, ses victoires et son génie.

Le Consulat avait sauvé la France de l'anarchie; l'Empire sauva le pays des réactions que la monarchie des Bourbons aurait alors infailliblement amenées. Dans les deux cas, ces changements furent une nécessité et un bonheur.

Quant à la République, le nombre de ceux qui la réclamaient, pour elle-même, avec désintéressement personnel et par conviction sincère, était imperceptible au milieu des masses qui n'en voulaient plus, c'est ce dont les listes des opposants, lors du vote sur l'hérédité impériale, font foi.

L'ambition de Napoléon Bonaparte vit sans doute avec plaisir la marche des événements qui allaient lui donner la couronne. Il la favorisa même. Il savait quel fardeau est la suprême dignité, mais il se sentait la force de le porter. Après avoir recueilli plus de gloire militaire qu'aucun des grands capitaines anciens et modernes, la gloire de fonder un puissant empire était la seule qui fut désirable pour lui. Il était rempli d'un vaste désir de signaler son nom par la splendeur et la prospérité de la France. C'est vers ce noble but que, pendant les neuf années du gouvernement impérial, furent sans cesse dirigées les ressources de sa pensée, les méditations de son esprit, et les conceptions de son génie.

Fondateur d'une nouvelle dynastie, comme

Pépin, Napoléon voulut aussi, comme lui, que le souverain pontife passât les monts pour venir lui conférer l'onction royale. Le saint - siége, déjà préparé à la reconnaissance de l'empire par le concordat consulaire, ne balança pas un seul moment.

Bientôt tous les gouvernements catholiques saluèrent Napoléon du titre impérial. L'empereur attachait une immense importance à la cérémonie du sacre ; elle devait sanctionner son élévation aux yeux des peuples de toute la chrétienté, et s'opposait au reproche d'usurpation.

Napoléon était au camp de Boulogne lorsqu'il apprit que l'Autriche venait d'envahir la Bavière, et manifestait ouvertement des intentions hostiles. Rapide comme l'éclair, l'Empereur lève le camp de Boulogne, dont l'armée se précipite sur les bords du Rhin, avec celle de Hanovre et de Hollande.

Le 1er octobre 1805, Napoléon avait déja tourné les positions de l'ennemi. Les avantages partiels de Wertingen, de Gutsbourg, de Memmingen, facilitent l'élan de sa course impétueuse. Le 12, il entre dans la capitale de la Bavière, et délivre les États de son fidèle allié.

15,000 hommes s'étaient retranchés au pont

d'Elchingen, l'Empereur se porte contre eux, force le passage, et, par d'habiles manœuvres, contraint le général Mack à se renfermer dans Ulm avec 33,000 hommes. Au lieu de résister, comme il était de son devoir, ce général se rendit le 20 octobre, après quelques jours de blocus. Même succès à Lowers, Amstelten, Marieuzell, Prassling, Lintz et Inspruck.

« Nous ne nous arrêterons plus, avait dit Na-
« poléon en ouvrant la campagne, que nous
« n'ayions assuré l'indépendance du corps ger-
« manique, secouru nos alliés, et confondu l'or-
« gueil de nos injustes agresseurs. Nous ne fe-
« rons plus de paix sans garantie; notre géné-
« rosité ne trompera plus notre politique. »

Le lendemain de la prise d'Ulm, Napoléon ayant appris que les Russes s'avançaient à grandes journées au secours de l'Autriche, adressa l'ordre du jour suivant à ses soldats :

« Soldats de la grande armée, nous avons fait
« une campagne en quinze jours ; vous ne vous
« arrêterez pas là : cette armée russe, que l'or
« de l'Angleterre a transportée de l'extrémité
« de l'univers, nous allons l'exterminer. »

Sur ces entrefaites, l'envoyé de Prusse se présenta devant Napoléon, sans doute pour lui

gnifier les intentions peu amicales de son sou-
erain. L'Empereur ne lui laissa pas le temps de
expliquer ; il lui dit, en montrant les lignes
ennemis : « C'est une·bataille qui s'annonce, je
les battrai; ne me dites rien aujourd'hui, je
ne veux rien savoir ; allez à Vienne attendre
l'issue de ·cette affaire. »

Le maréchal Mortier , par l'avantage qu'il
remporta sur l'armée russe, qui venait au secours des Autrichiens, ouvrit les portes de Vienne à Napoléon, qui y entra le 11 novembre
1805.

Cependant, l'empereur d'Autriche depêche
des plénipotentiaires pour négocier avec Napoléon, qui offre préalablement un armistice, afin
d'arrêter l'effusion du sang. Mais il reconnaît
bientôt que toutes ces démarches n'ont pour but
que de laisser à l'armée russe le temps d'arriver. Napoléon n'a pas l'imprudence de rester à
Vienne, où il pourrait être attaqué en même temps,
d'un côté par l'archiduc, qui revient d'Italie
presque à marches forcées, et de l'autre par
l'armée russe , qui accourt de la Moravie. Le
1er décembre, les deux armées ennemies se trouvent en présence; dans les champs d'Austerlitz :
l'attaque fut décidée pour le lendemain. Ce jour-

là était l'anniversaire du couronnement de Napoléon. Il n'y avait pas de tente pour l'Empereur ;
les soldats lui dressèrent, avec des branches, une
espèce de baraque qui avait une ouverture dans
le haut pour laisser passer la fumée. Napoléon
n'avait pour lit que de la paille ; mais il était si fa-
tigué qu'il s'endormit profondément. Le général
Savary, pour lui rendre compte d'une mission
dont il l'avait chargé, fut obligé de toucher
l'épaule de l'Empereur pour le réveiller. Alors
il se leva et monta à cheval pour visiter ses avant-
postes. Mais la nuit était si profonde qu'on ne se
voyait pas à deux pas ; tout-à-coup le camp se
trouva illuminé comme par enchantement : chaque soldat mit un brandon de paille tournée en
corde à sa baïonnette. L'Empereur parcourut
toute la ligne, adressant la parole aux soldats
qu'il reconnaissait : « Soyez demain, mes braves,
« tels que vous avez toujours été, leur disait-il,
« et les Russes sont à nous, nous les tenons ! »
L'air retentit des cris de vive l'Empereur !

Les vivres manquaient à l'armée depuis quarante-huit heures ; on n'avait distribué dans la
journée qu'un pain de munition pour huit hommes. L'Empereur, en passant de bivouac en
bivouac, vit des soldats occupés à faire cuire des

ommes de terre sous la cendre. Se trouvant
evant le 4ᵉ régiment de ligne, dont son frère
ait colonel, l'Empereur dit à un grenadier
u 2ᵉ bataillon, en prenant et mangeant une
es pommes de terre de l'escouade : « Es-tu
content de ces pigeons-là ! — Hum ! ça vaut
toujours mieux que rien ; mais ces pigeons-
là, c'est bien de la viande de carême. — Eh
bien ! mon vieux, reprit Napoléon en montrant au soldat les feux de l'ennemi, aide-
moi à débusquer ces .... -là, et nous ferons le mardi-gras à Vienne. »
L'Empereur revint se coucher sur la paille,
t dormit jusqu'à trois heures du matin. On
llait combattre sous les plus heureux auspi-
es : Trieste s'était rendue à Masséna, et, par
a plus glorieuse et la plus savante combinaison, les armées françaises d'Allemagne et d'I-
alie avaient le 29 novembre, uni leurs lau-
iers à Klagenfurth. Enfin, le sort de la monarchie autrichienne allait être décidé dans
es plaines de la Moravie. L'Empereur at-
end, pour donner ses derniers ordres, que
l'horizon soit tout-à-fait éclairci. Chacun se
rend à son poste. « Soldats, dit Napoléon, il
« faut finir cette campagne par un coup
« de tonnerre. » Et le combat commence

aux cris de vive l'Empereur ! Napoléon avait remarqué que l'armée russe voulait tourner sa droite ; il fit ses dispositions en conséquence, et dit, en voyant l'ennemi continuer son mouvement : « Dans quelques heures cette armée est « à moi. » En effet, les Russes sont bientôt forcés d'abandonner les hauteurs qu'ils avaient prises, et se trouvent coupés du corps de bataille ; l'aile doite des ennemis ne tarde pas à être enfoncée et prisonnière ou détruite. Cependant la réserve de l'armée russe tente de ressaisir l'avantage au centre ; déjà même la cavalerie de la garde impériale russe avait renversé deux bataillons des plus braves de l'armée françaises, emportés trop loin par leur ardeur. Napoléon l'apprend, et envoie à leur secours le général Rapp avec une portion de la cavalerie de sa garde. Les Russes sont forcés de céder ; en un instant, canons, artillerie, étendards, tout tombe en notre pouvoir. Le général Rapp revient tout sanglant, son sabre brisé et son cheval couvert de blessures, annoncer son succès à l'Empereur. C'est cet épisode que le peintre Gérard a choisi pour représenter dans son tableau la plus belle victoire peut-être de Napoléon. Les deux empereurs de Russie et d'Autriche, placés sur les hauteurs qui

dominaient la plaine d'Austerlitz, où se donnait
la bataille, virent de là le désastre de leurs armées; leurs restes, pressés de tout côtés, acculés
à un lac et enfermés dans un cercle de feu, sont
obligés de déposer les armes, ou de se noyer en
voulant fuir sur la glace qui se rompt sous leurs
pas. L'empereur Alexandre se hâta de reprendre
la route de ses états; quant à l'empereur d'Autriche, ne pouvant plus sauver les siens, il vint
trouver l'empereur Napoléon dans son bivouac,
s'humilier devant lui, et lui demander la paix.
Les plénipotentiaires se réunirent à Presbourg,
et c'est là que fut signé le traité par lequel l'empereur d'Autriche accorda tout ce que demanda
l'empereur des Français.

Dès que la bataille d'Austerlitz fut gagnée,
l'Empereur s'empressa d'envoyer en France un
courrier pour l'annoncer à l'Impératrice. Elle
était au château de Saint-Cloud lorsqu'on entendit tout-à-coup pousser de grands cris de joie,
et le bruit d'un cheval qui arrivait au galop. Le
son des grelots et les coups de fouet précipités
font courir l'Impératrice à la fenêtre. Les mots
victoire, Austerlitz! frappent son oreille; elle
s'élance sur le perron. Le courrier lui apprend
de vive voix la grande nouvelle. et lui remet une

lettre de l'Empereur. Joséphine, après l'avoir lue, tire un superbe diamant qu'elle avait au doigt, et le donne au courrier. Le pauvre homme avait fait plus de cinquante lieues ce jour-là, et il était tellement harassé que quatre personnes l'enlevèrent de son cheval, et le portèrent dans son lit; le cheval tomba mort dans la cour.

Après la victoire d'Austerlitz, Napoléon eut un instant l'espérance fondée de voir la paix de l'Europe assurée; mais la Prusse, dont la neutralité, pendant la dernière guerre, avait laissé les forces militaires intactes, et qui sentait son indépendance menacée par la prépondérance française, la Prusse prit tout à coup une attitude hostile, et se chargea de protester, sur le champ de bataille, contre l'extension gigantesque de la puissance de Napoléon. L'Empereur reçut un *ultimatum* du roi de Prusse, dans lequel ce roi lui enjoignait de renoncer aux couronnes d'Italie, de Naples et de Hollande. Napoléon se prit à rire, et se contenta de répondre : « Je plains le roi de Prusse ; il n'entend pas le « Français, et il n'a certainement point vu cette « rapsodie qu'on m'envoie en son nom. » Ce fut encore à ce sujet que l'empereur dit au maréchal

Berthier : « On nous a donné un rendez-vous « pour le 8, jamais Français n'y a manqué. On « dit qu'une belle reine veut être témoin de « nos prouesses ; soyons courtois, marchons sans « nous coucher pour la Saxe. »

Le jour de la bataille d'Iéna, l'Empereur ne se coucha pas. Rien n'était en retard, mais l'idée que cela pouvait arriver le bouleversait. A chaque instant se succédaient des officiers d'état-major, qui venaient rendre compte des missions qu'ils avaient reçues dans la nuit. Ses mouvements étaient coordonnés de telle sorte que lui seul pouvait en saisir toute l'économie. De l'intelligence et de l'exacte ponctualité de tous dépendait le sort de la bataille. Aussi l'Empereur était-il terrible quand la plus légère omission à l'exécution de ses ordres venait déranger ses calculs.

La carte du terrain choisi pour livrer la bataille avait été levée la veille. Penché sur la table où elle était déployée, l'empereur traça son plan et en fit l'exposition de la manière la plus rapide et la plus précise. Puis, s'adressant à Caulincourt : « Vous avez compris, lui dit-il ? « Vous avez dans la tête mes dispositions...

« Montez à cheval ; allez sur les lieux, choisis-
« sez une place d'où je puisse dominer le champ
« de bataille…A six heures je monterai à cheval.»

Il se jeta sur son lit-de-camp, et quelques
minutes après il dormait profondément.

L'action, commencée à neuf heures du matin, n'avait encore rien perdu de son premier
acharnement à deux heures de l'après-midi.
La victoire était tellement disputée de part et
d'autre, que nul ne pouvait prévoir l'issue de la
journée. L'Empereur, avec son état-major,
placé sur une éminence, suivait les mouvements
des deux armées; tout à coup, il quitte sa position, met son cheval au galop, et se dirige à
droite du champ de bataille, sur une hauteur
tout-à-fait découverte. Le terrain en était la-
bouré par les boulets ennemis; un bataillon de
grenadiers avait été placé là en tirailleurs.

« Mes cartes, mes cartes, » dit l'Empereur
en mettant pied à terre.

Les cartes étendues, il les consulta, fit
dessus plusieurs évolutions avec la main, prit sa
longue-vue qu'il promena long-temps sur l'ef-
froyable scène qui se développait. L'artillerie de
tous côtés vomissait un épouvantable feu. On se
battait partout. L'Empereur, calme et intrépi-

lement immobile au milieu de cette épouvan-
able destruction., continua sur ses cartes l'étude
lu champ de bataille ; et, rendant enfin sa
ongue-vue : « Messieurs, la bataille est gagnée ;
: dans huit jours nous coucherons à Berlin . »

En ce moment, les soldats, qui s'étaient peu à
)eu rapprochés, l'entouraient de si près, que
'Empereur n'avait littéralement plus de place
)our remonter à cheval.«Arrière, arrière donc,»
:riaient les officiers d'état-major. « Laissez-les,
(laissez-les, dit l'Empereur ; ils viendron^
(avec moi à Berlin.... Ils y viendront.... Je
(n'irai pas sans eux ». Des trépignements, de
iouras d'enthousiasme éclatèrent avec des cris
lélirants. Tous les bonnets sautaient en l'air.
(Nous irons à Berlin avec l'Empereur ; en avant,
(et vive l'Empereur ! »

Le 27 octobre, Napoléon fit son entrée solen-
nelle dans la capitale de la Prusse. Le lendemain, il exprima sa satisfaction à l'armée par
une proclamation qui commençait ainsi :

Soldats !

« Vous avez justifié mon attente, et répondu
× dignement à la confiance du peuple français,
× vous avez supporté les privations et les fati-

« gues avec autant de courage que vous avez
« montré d'intrépidité et de sang-froid au mi-
« lieu des combats ; vous êtes les dignes défen-
« seurs de l'honneur de ma couronne et de la
« gloire du grand peuple. Tant que vous serez
« animés de cet esprit, rien ne pourra vous ré-
« sister ; je ne sais désormais à quelle arme
« donner la préférence.... Vous êtes tous de
« bons soldats ! »

Pendant son séjour à Berlin, Napoléon s'ho-
nora par un trait de grandeur d'âme et d'humanité des plus remarquables. Un assez grand
nombre de lettres adressées au roi de Prusse
furent interceptées, et remises à Napoléon. Il
y en avait une du prince de Hatzfeld, qui était
resté à Berlin comme membre du gouvernement provisoire, et elle contenait le compte
rendu de l'espionnage le plus actif ; le prince
y donnait les renseignements les plus précis
sur l'armée française, sa position, ses ressources, et les moyens que l'on pourrait employer pour l'attaquer avec avantage. Le prince
de Hatzfefd, ne se doutant pas de ce qui s'é-
tait passé, se présenta pour offrir ses services
à l'Empereur, et fut arrêté. Napoléon ordonna qu'il fût jugé sur-le-champ par une

commission militaire, et que le jugement fut
exécuté le jour même.

Quelques heures après, la princesse de Hatzfeld
accourt au palais, se jette éplorée aux pieds du
grand homme. « On vous trompe, sire, s'écria-
« t-elle, mon mari est innocent! on l'a indignement
« calomnié. » L'Empereur, touché à la fois par les
larmes de madame de Hatzfeld et par l'état de
grossesse où elle se trouvait, la releva et la con-
duisit dans son cabinet. « Vous pensez, madame,
« lui dit-il, que votre mari est injustement accusé
« d'espionnage et de trahison? — J'en suis sûre,
« sire! aussi n'est-ce pas grâce que je vous deman-
« de, mais justice. — Ceci est pourtant bien de
« l'écriture de votre mari, lisez madame. » Et il
lui remit la fatale lettre. La princesse eut à peine
jeté les yeux sur cette pièce, qu'elle fut agitée d'un
tremblement convulsif. « Croyez-vous encore que
« le prince ait été calomnié? demanda l'empe-
« reur. — Hélas, sire, je suis au désespoir, mais
« je ne saurais nier l'évidence... c'est bien son
« écriture... sa signature... Ah! sire, c'est votre
« pitié que j'implore maintenant. — D'après nos
« lois, madame, votre mari a mérité la mort;
« mais, sans cette lettre, on ne pourrait le con-
« damner. Je vous conseille donc de la brûler. »

4.

L'émotion de madame de Hatzfeld était si grande
qu'elle ne savait que faire, et demeurait immobile. « Allons, madame, reprit l'Empereur, il
« s'agit de sauver le père de vos enfants; faites
« comme si vous étiez seule.» Cependant la princesse hésitait encore. « Puisque cela est si difficile, dit Napoléon, je vais vous aider. » Prenant
alors la lettre, il la jeta dans l'âtre, où elle fut
en un instant dévorée par la flamme.

« Maintenant, madame, lui dit-il, l'empe-
« reur avec bonté il faudra que l'on rende à
« votre mari la liberté, car je n'ai plus de
« preuves contre lui. »

Napoléon alla à Postdam visiter le tombeau
du grand Frédéric, et prit, dans les appartements occupés par ce roi illustre, l'épée, la
ceinture de général qu'il portait à la guerre de
sept ans, et son cordon de l'Aigle-Noire. « J'ai-
« me mieux ces trophées que vingt millions, dit
« l'Empereur; je les enverrai aux invalides; les
« vieux soldats qui ont survécu aux guerres de
« Hanovre verront que l'affront de Rosbach a
« été vengé. »

Ce fut à Berlin que l'Empereur publia ce fameux décret, dont la pensée le préoccupait vivement depuis que Trafalgar avait renversé toutes ses espérances d'attaques directes contre l'Angleterre, et par lequel il déclarait les îles britanniques en état de blocus.

Nous passerons sous silence plusieurs combats, et un grand nombre d'engagements partiels dans lesquels l'armée se couvrit de gloire, pour arriver aux batailles d'Eylau et de Friedland.

Peu de jours avant la bataille d'Eylau, l'Empereur passa la nuit du 4 au 5 février à Schlitt, petit village situé à quelques lieues d'Eylau, dans une misérable chaumière, dont l'unique cheminée se trouvait dans la cuisine, et ce fut là qu'on installa à la hâte son quartier-général. Rarement, l'Empereur avait paru mieux disposé, plus gai, que la nuit où il bivouaqua dans cette mauvaise hutte, où il n'y avait qu'une seule table, sur laquelle on lui servit son souper, qu'il expédia en cinq minutes, et, jetant en riant sa serviette à la tête de Constant : « Vite, vite, « qu'on enlève les restes de mon festin (il se « composait d'un seul plat). » Puis allant vivevement sur son petit lit de fer, sur lequel l'on avait déposé ses cartes, il les prit, plaça celle de Prusse à terre, s'agenouilla ; et, marquant avec des épingles tous les lieux à parcourir d'après son plan : « Je les battrai là.... ici.... encore « là.... et dans trois mois la campagne sera ter- « minée.... La Russie a besoin d'une leçon.... « La belle reine de Prusse apprendra aussi à ses « dépens que les conseilleurs sont quelquefois « les payeurs.... Je n'aime pas que les femmes « sortent de leurs attributions de grâce et de « bonté.... Une femme pousser des hommes à « s'égorger ! ah fi ! fi !... Elle pourrait bien per- « dre son royaume à ce jeu-là.... le beau résul- « tat ! »

Le jour de la bataille, le temps était affreux. Une neige fine et serrée glaçait en tombant la surface de la terre. Les vêtements imprégnés, raidis par ce givre, écrasaient ; les chevaux ne pouvaient tenir pied ; on se battait avec acharnement depuis le matin, et, à la tombée de la nuit, rien n'était encore décidé. L'Empereur, anxieux, impatient, parcourait au galop le champ de bataille, bravant la mitraille, se portant sur

tous les points menacés, car il savait bien que sa
seule présence opérait des prodiges. Le feu avait
cessé sur quelques points : il était évident que
l'ennemi se repliait, et faisait ses dispositions
pour la nuit. A huit heures, on vint avertir Napoléon que la position importante de l'église,
qui avait été chèrement disputée, prise et reprise plusieurs fois dans la journée, venait de
nous être enlevée de nouveau. Nos troupes, en
nombre bien inférieur aux Russes, se retiraient
en combattant dans le cimetière. Au moment où
l'ordonnance arriva, l'Empereur avait mis pied
à terre, et dirigeait de sa personne les manœuvres d'une formidable batterie pointée sur l'aile
droite de l'armée russe. A l'instant il s'élance sur
son cheval, franchit comme l'éclair la distance,
et, tombant comme la foudre au milieu des
bataillons qui commençaient à fléchir : « Qu'est-
« ce, dit-il, une poignée de Russes feront re-
« culer des soldats de la grande armée? A moi,
mes braves! que pas un Russe ne sorte de
l'église.... qu'on fasse avancer l'artillerie....
il nous faut l'église, mes amis, il nous la faut.
— Vive l'Empereur! en avant; il lui faut
l'église.... en avant. » Et tous se précipitent
se ralliant en bon ordre.

A dix heures du soir, l'église était en notre pouvoir. L'Empereur, exténué, chancelant de fatigue sur son cheval, fit cesser le feu ; l'armée se reposa entourée des bivouacs ennemis. Le quartier-général fut établi sur le plateau, en arrière d'Eylau, au milieu de l'infanterie de la garde.

« Tout va à merveille, dit l'Empereur en rentrant dans sa tente ; « ces gens-là se battent « bien.... Nous aurons encore une rude journée « demain, mais la bataille est gagnée. » Il se jeta tout habillé sur son lit, et s'endormit aussitôt.

A quatre heures du matin, l'Empereur monta à cheval, parcourut le terrain, fit ses dispositions, plaça l'artillerie, harangua ses troupes, en passant devant chaque front de régiment. A la pointe du jour, il donna l'ordre d'attaquer simultanément sur tous les points à la fois. Vers onze heures, la neige, qui n'avait pas cessé depuis le matin, augmenta avec une telle violence, qu'on ne distinguait pas à dix pas. On reconnut une colonne russe, forte de cinq à six mille hommes, qui, ayant reçu dans la nuit l'ordre de rejoindre le gros de son armée, s'était égarée.

A l'instant, il dirige sur ce point deux bataillons de grenadiers de la garde, qui s'avancen l'arme au bras, en silence. Pendant ce temps, l'es cadron de service auprès de l'Empereur tourne la colonne, fond avec impétuosité sur ses derrières, en la repoussant sur nos grenadiers, qui la reçoivent la baïonnette en avant. Ce premier choc fut terrible pour les Russes. Mais bientôt, évaluant leurs forces numériques et le petit nombre d'hommes qu'ils ont à combattre, les officiers mettent l'épée à la main, rallient leurs hommes, et tous se défendent avec une grande résolution. Un moment, nos grenadiers sont ébranlés; un jeune officier sort des rangs en se portant en avant : « A « moi, les braves de la compagnie, » s'écria-t-il d'une voix retentissante; « à nous, camarades, le drapeau russe ! » Et il s'élance, l'épée haute, suivi de tous ses soldats, dans le centre compact des Russes. Cette brusque attaque rompit leurs rangs ; nos grenadiers se précipitent résolument dans la voie ouverte par l'intrépide officier ; la cavalerie sabre ce qui se débande ; tout est haché ou fait prisonnier.

Deux heures après, la victoire était à nous. Les armées ennemies dispersées, abîmées, effectuèrent leur retraite dans le plus grand désordres abandonnant leurs blessés, les bagages et parc, d'artillerie.

Après ce nouveau triomphe, Napoléon fit prendre à l'armée des cantonnements sur la Vistule. « Soldats, disait-il, dans une proclama-« tion, dans tous les climats, dans toutes les « saisons, nous serons toujours les soldats de « la grande armée. »

Un armistice avait été accordé au roi de Prusse ; et les Français, tranquilles sur la foi du serment, se livraient à la sécurité, lorsque les Russes firent entendre un nouveau cri de guerre. Napoléon les joignit dans la plaine de Friedland, le 14 juin 1807, après quelques avantages partiels : « C'est un jour de bonheur, s'écria-t-il, c'est l'anniversaire de la bataille de Marengo ! » Sa prédiction fut accomplie, la bataille fut gagnée : cette action fut si décisive, qu'elle ôta aux deux monarques tout moyen de continuer la guerre ; la déroute de l'armée russe fut telle à Friedland, que, pour assurer ses débris, elle dut couper tous les ponts qu'elle laissait derrière elle.

Trois jours après, l'empereur Napoléon établit son quartier-général à Tilsitt: Le 2 juillet, un armistice fut conclu entre les deux armées, et le 25, une entrevue de deux heures eut lieu, sur le Niémen, entre les empereurs Napoléon et Alexandre. Le roi de Prusse, dont la position était devenue affreuse depuis la perte de la bataille de Friedland, sans asile dans son pays conquis, était réfugié dans un moulin de l'autre côté du Niémen, au moment de l'entrevue des deux empereurs. Alexandre arriva sur le radeau, accompagné du grand-duc Constantin, du général en chef Beningsen, du prince Lubanoff et du général Ouwaroff. L'empereur Napoléon était accompagné de Murat, des maréchaux Berthier et Bessières, du général Duroc et de Caulaincourts.

« Les deux souverains s'embrassèrent à plusieurs reprises avec une effusion entière. « Mon frère, » dit Napoléon, en retenant une des mains d'Alexandre dans les siennes, « le sort des armes « vous a été contraire; mais votre armée est « vaillante et dévouée ; vos troupes ont fait des « prodiges de valeur... Les Russes sont essen- « tiellement braves... Qui est-ce qui comman- « dait la cavalerie? » dit-il en s'adressant au général en chef Béningsen.

« *Je*, sire, » dit en s'avançant vivement un élégant jeune homme.

« Général, » reprit Napoléon, « si vous ne
« savez pas très-bien parler français, vous savez
« admirablement bien vous battre. »

Au moment où les deux empereurs s'em-
brassaient, des applaudissements franchirent le
fleuve ; des hourras impossibles à décrire parti-
rent des deux rives couvertes de troupes.

Dans les conférences de Tilsitt, la belle et sé-
duisante reine de Prusse émoussa vainement les
traits de son esprit fin et très-délié. Napoléon
fit ce qu'il voulait faire, et ne concéda rien de
ce qu'il avait résolu de garder. Jamais homme
ne posséda un tel empire sur lui-même ; il semblait réellement n'appartenir en rien à notre
pauvre humanité.

Après des protestations mutuelles d'estime et
d'amitié, les souverains se séparèrent. Le roi de
Prusse se rendit à Memel, l'empereur de Russie
dans ses états, et Napoléon, après avoir visité
Kœnisberg, revint, par Dresde, à Paris, où il
arriva le 27 juillet 1807.

ÉVÉNEMENTS DE BAYONNE.

Guerre d'Espagne.

1807 — 1808.

Au sommet des grandeurs humaines, Napoléon n'est pas satisfait encore ; il veut un roi de plus dans sa famille ; il a jeté un regard jaloux sur la couronne de Pélage ; il en fera bientôt un nouveau dépôt précaire sur le front de l'un de ses proches. Sa domination au-delà des Pyrénées n'est pas assez directe : un misérable favori, maître de l'esprit du roi par son empire sur le cœur de la reine, a rendu un instant suspecte la fidélité du cabinet de Madrid à l'alliance de la France, tandis que les armées impériales étaient campées aux rives de l'Elbe et de la Sprée. Les Anglais, qui pénètrent partout avec leur or, ont d'ailleurs réussi à former un parti, qui, en réclamant l'indépendance du pays contre la prépondérance accablante des Français, doit servir merveilleusement la politique britannique. Conduit par les conseillers de l'héritier du trône, ce parti, en s'adressant aux passions populaires, est parvenu à soulever les Espagnols contre le monarque qui fut si dévoué à la France, et vient de lui arracher une abdication en faveur du prince des Asturies, qu'on a proclamé roi sous le nom de Ferdinand VII. Quoique plein du ressentiment qu'a fait naître en lui la proclama- tion du *Prince de la paix*, en 1806, Napoléon, qui aperçoit le ministère anglais derrière le duc de l'Infantado, manifeste d'abord le plus vif intérêt pour Charles IV, réclame contre les ri- gueurs dont le favori est menacé, et se dispose ensuite à exécuter ses projets sur la Péninsule, trop heureux de pouvoir s'y présenter comme le protecteur du bon droit contre la violence, et comme le vengeur de l'autorité royale et pater- nelle outragée. Cependant sa politique lui com- mande de ménager encore les deux partis; il veut prendre ses positions en Espagne, et évite, en conséquence, jusque-là de se prononcer défini- tivement sur les événements d'Aranjuez. Le prince des Asturies et son père ont également imploré sa puissante intervention; le premier, pour faire reconnaître le titre dont une émeute populaire l'a revêtu; le second, pour obtenir d'être relevé d'une abdication forcée, contre laquelle il proteste. Napoléon répond de Bayon-

ne, où il est accouru. Il adresse au fils une lettre dans laquelle il se réserve de décider sou-
verainement entre lui et son père, après de mû-
res informations, c'est-à-dire lorsque ses mesures
seront prises pour déclarer qu'il ne veut ni de
l'un ni de l'autre. Après avoir appelé son frère
Joseph au trône d'Espagne, par une proclamation du 6 juin, et donné la couronne de Naples
à Murat, qui avait déployé la plus grande rigueur
contre les habitants de Madrid, dans l'insurrection du 2 mai, Napoléon revint à Paris; où le
comte de Tolstoy, ambassadeur de Russie, lui
remit de magnifiques présents de la part de son
souverain. Mais la nation espagnole, soulevée d'in-
dignation par l'issue de l'entrevue de Bayonne,
courut aux armes, et, protestant héroïquement
contre la politique de l'Empereur, commença
cette guerre opiniâtre qui devait signaler la dé-
cadence du grand homme, et porter d'aussi terrible coups à sa renommée qu'à sa puissance.

Les deux empereurs Alexandre et Napoléon,
en se séparant, à Tilsitt, avaient promis de se
revoir avant la fin de l'année suivante. Cette entrevue était devenue plus nécessaire depuis les
événements d'Espagne, et depuis le débarque-

tre-Français. On donna continuellement de nombreuses et magnifiques fêtes. Un jour que les
deux souverains amis assistaient à une représen-
tation d'*OEdipe*, au moment où Philoctète, en
parlant d'Hercule, dit :

L'amitié d'un grand homme est un bienfait des Dieux.

« Je l'éprouve tous les jours, dit Alexandre
en serrant fortement la main de Napoléon. Ces
mots, entendus de tous les assistants, retenti-
rent bientôt dans toute l'Europe. Mais Napoléon
attachait à cette entrevue d'Erfurth un autre intérêt que celui de recevoir des hommages, celui
d'une paix générale. Pénétré de ce désir, de
concert avec Alexandre, qui se trouvait avoir
les mêmes intérêts que lui, ils écrivirent au roi
d'Angleterre. Mais le parti de l'Autriche était
décidé ; elle continua ses organisations militaires. N'ayant point été appelée à Erfurth, elle
ne reconnut pas le roi Joseph.

Le 14 octobre 1808, Alexandre et Napoléon
se séparèrent, et ils prirent chacun la route de
leurs états. Cinq jours après, Napoléon était à
Saint-Cloud. Il n'y séjourna que dix jours, et
arriva à l'armée d'Espagne dans les premiers
jours de novembre. Le 9, il entra dans Burgos,

pris la veille par l'armée française, et le 4 décembre, dans Madrid qui se rendit par capitulation ; il abolit l'inquisition, donna la liberté aux
nombreuses victimes renfermées dans les cachots,
anéantit la barbare législation de ce tribunal,
réduisit le nombre des couvents, détruisit l'influence monacale, travailla à arrêter les progrès
de la superstition, et réprima les insolentes prétentions de la féodalité. C'est avec un sentiment
de reconnaissance et de joie que l'on retrouve,
dans les inspirations de sa politique, les traces
du glorieux libérateur de l'Italie.

La classe éclairée en Espagne désirait ardem-
ment voir sa patrie sortir de l'abject abrutisse-
ment, de l'anéantissement où elle était plongée
depuis cent cinquante ans ; elle sentait que ce
n'étaient point les Bourbons dégénérés qui pouvaient l'y faire parvenir. Elle s'était ralliée fran-
chément au frère de Napoléon ; mais une grande
partie de cette classe éclairée, pour sauver ses
biens et sa vie, fut forcée de se joindre à l'insurrection fanatique qui, sans ce puissant ren-
fort, aurait été, selon toute apparence, compri-
mée avant que nos armées fussent atteintes par
le froid de Moscou.

CAMPAGNE D'ALLEMAGNE

—

1809.

—

Cependant l'Autriche, de plus en plus inquiète et jalouse des succès de Napoléon, saisissant l'instant où une partie des troupes de l'Empereur était occupée en Espagne, venait de reprendre les armes, et d'envahir, suivant sa coutume, sans déclaration préalable de guerre, une partie du territoire bavarois.

C'est à Valladolid que Napoléon reçut la nouvelle des premières démonstrations hostiles de l'Autriche. Il en partit aussitôt à franc-étrier : le sixième jour, il descendit aux Tuileries, qu'il quitta le 12 avril 1809 ; le 16 il était déjà sur le Danube. Le lendemain, l'Empereur adressa à l'armée une proclamation dont voici un passage remarquable.

« Soldats ! j'étais entouré de vous lorsque le
« souverain de l'Autriche vint à mon bivouac de
« la Moravie ; vous l'avez entendu implorer ma
« clémence, et me jurer une amitié éternelle.
« Vainqueurs dans trois guerres, l'Autriche a

« dû tout à notre générosité ; trois fois elle a été
« parjure. Marchons donc, etc... »

Le 10 mai 1809, l'armée française, comme
Napoléon le lui avait promis après la bataille
d'Eckmuhl, arriva sous les murs de Vienne. L'archiduc Maximillien y commandait, engagé par
serment à s'ensevelir sous les ruines de la place,
plutôt que de la rendre. Deux sommations n'ob-
tinrent, en effet, que des coups de canon pour
réponse ; les parlementaires furent même mal-
traités, et le général Lagrange, l'un d'eux, revint au camp des Français couvert de blessures.
Napoléon, justement indigné de cette violation
du droit des gens, ordonna aussitôt le bombardement de la ville. A minuit, deux mille obus
avaient éclaté dans les divers quartiers, et frappé
de terreur et d'effroi les habitants de cette capitale. Un officier vint alors réclamer pour l'ar-
chiduchesse Marie-Louise, que le mauvais état
de sa santé avait empêchée de suivre la cour
dans sa fuite, et que le feu des assiégeants entourait des plus grands dangers. L'empereur accueillit cet avis en faisant changer la direction
des batteries. Le 13. il entra triomphant, pour
la seconde fois dans la capitale de l'Autriche.
Enfin la grande et décisive victoire de Wagram

termina cette glorieuse compagne et amena le traité de Vienne (14 octobre 1809).

Pendant les conférences pour la paix, qui fut signé le 15 octobre suivant, l'Empereur pensa tomber sous le poignard d'un jeune fanatique nommé Stabs. Exalté par le patriotisme, cet illuminé crut avoir une vision céleste, et entendre une voix qui lui commandait d'attenter aux jours de Napoléon. Il partit d'Erfurth, son pays. Arrivé à Schœmbrunn, où était alors Napoléon, il voulut s'approcher de lui pendant une revue, et demanda à lui parler. Berthier, auquel il s'adressa, le renvoya d'abord; mais, à la vue de son obstination, il appela le général Rapp, et lui dit d'interroger ce jeune homme en allemand. Rapp, en le repoussant, sentit une arme cachée sous ses vêtements; on le fouilla, et l'on trouva sur lui un poignard. Interrogé sur l'usage qu'il voulait faire de ce poignard, il déclara, sans hésiter, qu'il le destinait à tuer l'Empereur.

Napoléon désira le voir, et lui adressa la même question. « Je voulais vous tuer, répondit le « jeune homme; vous avez ruiné mon pays par « la guerre; vous l'avez opprimé : Dieu m'a « appelé pour être l'instrument de votre mort. » « C'est un fou ou un malade, » dit l'Empereur.

Corvisart fut appelé. Le poûls de Stabs était régulier, sa contenance tranquille. L'empereur intéressé par sa jeunesse et sa fermeté, lui offrit sa grâce. « Si vous me faisiez grâce, je ne vous « en tuerais pas moins... Je n'ai qu'un regret, « c'est de n'avoir pas réussi, » répondit Stabs Ce n'était plus de la fermeté, c'était de la rage brutale. L'Empereur, tout en plaignant l'égarement de ce jeune homme, dut l'abandonner à la sévérité des lois.

Bonaparte, de retour en France, arriva à Fontainebleau le 26 octobre. A cette époque, l'une des plus importantes et des plus brillantes de sa vie, tous les rois de la confédération du Rhin, ou alliés à la famille impériale, furent successivement appelés autour du trône de leur protecteur, pour assister aux fêtes de la paix.

Ce retour fut un triomphe pour Napoléon; partout les acclamations les plus vives témoignaient l'admiration et l'amour des peuples.

L'Europe offrait alors le contraste le plus bisarre : le roi de Prusse rentrait dans sa capitale en vassal amnistié; Vienne était frappée de stupeur; Londres demeurait humiliée, et Paris nageait dans l'ivresse des fêtes, de la victoire et de la paix.

GUERRE DE RUSSIE.

Moscou. — **Retraite.**

1812.

L'empereur Napoléon était à l'apogée de sa fortune politique. La France n'avait d'autres limites que celles fixées par son souverain; pendant l'année 1811, il avait épuisé toutes les ressources de son génie pour perfectionner l'organisation intérieure de l'empire. Le nom français était un talisman qui faisait courber les têtes et fléchir les volontés; néanmoins, on pouvait déjà, à des indices certains, prévoir une rupture prochaine avec la Russie. Une guerre, pour des raisons devenues de haute politique, était inévitable; mais ce serait à tord qu'on l'attribuerait à Napoléon.

Le czar, d'un caractère inconstant, avait promptement oublié l'amitié et les promesse jurées à Tilsitt et à Erfurth; dominé d'ailleurs par l'aristocratie russe, deux grandes violations du traité de Tilsitt avaient eu lieu. Les ports russes furent ouverts au commerce britannique, et un ukasse chassa le nôtre de cet empire. Le blocus continental, dont le but était de contraindre l'Angleterre à la paix, était détruit, et cela au moment même où il commençait à porter ses fruits. Alexandre demandait, pour rentrer dans cette mesure, deux choses inadmissibles : il ne se contentait pas de la promesse de Napoléon *de ne rien faire pour rétablir le royaume de Pologne*, il voulait qu'il signât : *le royaume de Pologne ne sera jamais rétabli*. L'honneur défendait à la France de souscrire à cette première demande ; son intérêt ne lui permettait pas d'admettre la seconde : la possession de Constantinople et des Dardanelles.

Dès l'année 1811, elle avait annoncé l'envoi à Paris de M. de Nesselrode ; ce négociateur devait arriver en novembre ; quatre mois après on l'attendait encore. Napoléon fit alors appeler le colonel Czernicheff, aide-de-camp d'Alexandre, et lui communiqua le traité d'alliance offensive et défensive, signé à Paris, le 12 février, avec la Prusse. Napoléon fit toutes les propositions conciliatrices qu'il lui fut possible, et il chargea Czernicheff d'une lettre pour Alexandre. Plus tard, Napoléon apprit que cet envoyé, avant de quitter Paris, avait acheté à prix d'or la connaissance de l'état effectif de nos armées. On courut après lui, mais il était déjà hors de toute atteinte.

Alors l'orage ne fut plus un mystère. Les troupes partaient journellement de Paris, ou arrivaient d'Espagne pour se réunir à la grande armée qui se rassemblait sur les bords de la Vistule.

Après avoir partagé la garde nationale en trois bans, l'Empereur partit, le 9 mai, pour Mayence avec l'Impératrice, qui devait l'accompagner jusqu'à Dresde, lieu de réunion indiqué à la famille impériale d'Autriche.

Napoléon passa quinze jours dans cette ville avec son beau-père, le roi de Prusse et les princes de la confédération du Rhin. Un nouveau traité d'alliance fut conclu entre les empereurs de France, d'Autriche, et le roi de Prusse.

Le général Lauriston, député auprès d'Alexandre pour obtenir de sa bouche un mot d'explication qui pût laisser une voie ouverte à une conciliation, revint sans réponse satisfaisante.

La guerre fut donc définitivement résolue le 2 juin ; le 22, Napoléon était à Thorn. De son quartier-général de Wilkoswisky, il adressa à ses armées la proclamation suivante :

« Soldats !

« La seconde guerre de Pologne est commencée. La première s'est terminée à Friedland

« et à Tilsitt. La Russie a juré l'éternelle alliance
« à la France, et guerre à l'Angleterre ; elle
« viole aujourd'hui ses serments. Elle ne veut
« donner aucune explication de cette étrange
« conduite, que les aigles françaises n'aient re-
« passé le Rhin, laissant par là nos alliés à sa
« discrétion. La Russie est entraînée par sa fata-
« lité ; ses destins doivent s'accomplir. Nous
« croit-elle donc dégénérés ? Ne serions-nous
« plus les soldats d'Austerlitz ! Elle nous place
« entre le déshonneur et la guerre, le choix ne
« saurait être douteux. Marchons donc en avant ;
« passons le Niémen ; portons la guerre sur son
« territoire. La seconde guerre de la Pologne
« sera glorieuse aux armées françaises comme la
« première ; mais la paix que nous conclurons
« portera avec elle sa garantie, et mettra un
« terme à la funeste influence que la Russie a
« exercée depuis cinquante ans sur les affaires de
« l'Europe. »

Alexandre, de son côté, fit une proclamation
à son armée, dont voici quelques fragments.

« Il ne nous reste, à présent, après avoir in-
« voqué l'Etre-Suprême tout-puissant, qui est
« le défenseur de la cause juste, qu'à opposer

nos forces à celles de l'ennemi ; il est inutile
de rappeler aux généraux, aux officiers, aux
soldats, ce que nous attendons de leur courage et de leur loyauté. Le sang des anciens
Esclavons circule dans vos veines ; soldats,
« vous combattez pour votre liberté, pour votre
« religion, pour votre patrie ; votre Empereur
« est au milieu de vous, et Dieu est l'ennemi de
« l'agression. »

L'armée de l'autocrate était forte de trois cent
mille hommes.

Napoléon, qui avait partagé ses forces en cinq
armées, qui devaient manœuvrer dans les directions qui leur avaient été assignées, avait promptement franchi l'intervalle qui sépare le Rhin
du Niémen. La garde et les autres troupes étaient
heureuses : en traversant la France orientale,
elles n'avaient reçu que des encouragements. —
Allez, nos enfants, disaient les habitants aux
soldats ; allez vaincre ; marchez à la gloire. —
Oui, répondaient-ils ; ne vous inquiétez pas,
sous peu nous vous enverrons des drapeaux, des
canons et des prisonniers.

Il y avait confiance, enthousiasme, ardeur :
chacun était pressé d'arriver. En passant fière-
tment dans l'Allemagne, dont on consumait les

produits, on avait jeté, répandu, prodigué
son argent ; on avait beaucoup dépensé et gé-
néreusement payé : Les Allemands n'étaient-
ils pas nos amis? Oubliant toute vieille ran-
cune, ou plutôt étonnés, comme hors d'eux-
mêmes et emportés par le mouvement univer-
sel, ces bons peuples nous avaient accompagnés
de leurs vœux.

La Pologne nous appelait. Nous connaissions
les Polonais, nous les aimions ; ils étaient parmi
nous en grande renommée de vaillance : dans tous
les régiments on s'entretenait de leurs prouesses;
nous nous faisions une fête de délivrer leur pays ;
nous allions où jamais armée européenne n'avait
pénétré. La grandeur de l'entreprise, l'agitation de l'Europe qui y coopérait, l'appareil im-
posant d'une réunion de 400 mille fantassins
et de 80 mille cavaliers ; tant de bruits de guerre,
de sons belliqueux, exaltaient toutes les imagi-
nations.

Napoléon proclame que la seconde guerre de
Pologne est commencée. Bientôt nous laissons
derrière nous le fleuve russe, et déjà nos cavaliers
sont obligés de couper les seigles verts et de dé-
pouiller les maisons de leurs toits de chaume
pour nourrir leurs chevaux : Nous ne rencon-

trons point d'ennemis , et de toutes parts, sous
un ciel que nous ne connaissons encore que par
ses orages , le jour nous montre un sable aride,
des déserts , de mornes et sombres forêts. Nous
courons après une bataille , nous la demandons.
Les Russes fuient sans cesse ; où s'arrêteront-ils ?
sans doute, quand leurs corps épars se seront ral-
liés , ou lorsqu'ils seront revenus du premier
mouvement d'épouvante d'une invasion soudaine.
Tel était notre espoir jusqu'à Wilna, qu'ils nous
abandonnèrent. Au-delà de cette ville, quelle
que fut notre vitesse , à peine apercevions-
nous leur arrière-garde : nous pensions les at-
teindre , nous précipitions notre marche, enfin
nous voyons leur camp. Ils avaient pris position :
à demain la victoire ; le jour venait : ils avaient
diparu ; il ne restait pas même vestige de leurs
bivouacs.

L'armée entière les accusait d'être des lâches,
et dans tous les rangs , on n'entendait que des
propos où l'on tournait en dérision leur courage
tant vanté. L'animosité contre eux s'augmentait
encore du mécontentement que faisaient éprou-
ver la fatigue et les privations ; car en se réti-
rant les Russes enlevaient tout, fourrages, vivres,
bestiaux ; il ne laissaient rien après eux , pas

même de l'eau, car ils coupaient les cordes des puits. L'Empereur avait fait distribuer des vivres pour vingt jours ; mais, dans les plaines qui se déroulaient, pas le moindre ruisseau où il fut possible de se désaltérer. C'est à peine si, en tâtonnant, cherchant à travers les champs et les forêts, on parvenait quelquefois à découvrir de l'eau.

Malgré ce début de misère, on ne se ralentissait pas : il y avait de l'émulation, et on oubliait la fatigue dès qu'on entendait ce nom magique : l'Empereur ! répété pour signal à son approche. Enfin à Vitepsk, après un engagement partiel à notre avantage, on vit l'armée russe se déployer. On était dans l'ivresse, persuadé qu'un combat décisif allait être livré : mais dès le lendemain, l'armée russe avait disparu. A mesure que nous nous enfoncions dans la vieille Russie, notre détresse devenait plus grande : tout le pays était dévasté, et nos provisions épuisés, ne pouvaient se renouveler, tant la marche des convois avait été mal calculée. Au milieu de ces épreuves, beaucoup de jeunes soldats expiraient de fatigue et de besoin ; plusieurs se donnèrent la mort. Les anciens, mieux habitués aux vicissitudes tantôt fâcheuses, tantôt favorables de la guerre, résistaient mieux; mais que d'imprécations, de blasphèmes leur arrachaient une situation qui, pour eux, n'était comparable à aucune de celles où ils avaient pu se trouver.

Les villes mêmes trompèrent notre attente : Smolensk, où nous comptions trouver enfin des magasins abondamment pourvus, n'était plus, quand nous y entrâmes, qu'un amas de décombres, de ruines fumantes... Plus d'habitans; des cendres et du feu, voilà tout ce qui restait après que l'ennemi eut évacué cette ville. Les jardins n'avaient pas même échappé aux ravages de l'embrasement.

L'Empereur, ignorant l'évacuation de Smolensk, avait tout disposé pour l'emporter de vive force, lorsqu'à la pointe du jour un détachement ayant été envoyé en reconnaissance sur le point par lequel on devrait pénétrer dans la ville, gravit le rempart sans obstacle, et rapporta que Smolensk était évacué :

Le lendemain, l'armée française passa le Borysthène, mais les Russes continuèrent à fuir par deux routes différentes : partie sur Saint-Pétersbourg, l'autre sur Moscou.

Cependant l'empereur Alexandre, cédant à la voix publique, avait déféré le commandement suprême au général Kutusoff, vainqueur des Turcs. Le nouveau généralissime, persuadé que pour conserver sa popularité dans l'armée et dans la nation, il ne fallait pas laisser les Français arriver à Moscou sans livrer bataille, s'était décidé à l'accepter dans une forte position près Borodino, en avant de Mojaisk, ayant en tête, sur un beau mamelon, entre deux bois, une redoute que gardaient 10,000 hommes. Sur l'ordre de l'Empereur, deux régiments (57e et 61e) en colonnes d'attaque, assaillirent le retranchement ; le combat fut opiniâtre ; la redoute prise, fut trois fois attaquée par l'ennemi, mais resta en notre pouvoir. Le lendemain, Napoléon passa en revue le 61e régiment, et, le trouvant considérablement diminué, demanda à son chef : « Qu'avez-vous donc fait d'un de vos bataillons? » — « Sire, il est dans la redoute, » répondit le colonel.

Avant de commencer l'action générale, Napoléon sortit alors de sa tente, et dit à ses officiers : « Voilà un beau soleil! c'est le soleil d'Austerlitz. » Puis s'adressant à l'armée : « Soldats, « dit-il, voilà la bataille que vous avez tant désirée... Que l'on dise de vous : « Il était à cette « grande bataille, dans les plaines de Moscou!.. »

Cette bataille, trop peu décisive, nous coûta neuf mille morts et treize mille hommes mis hors de combat; il n'y eut pas de division qui n'eût à pleurer la mort d'un ou de plusieurs de ses chefs. Les Russes avaient perdu cinquante mille hommes. Le maréchal Ney reçut le titre de prince de la Moskowa; Davoust et Eugène l'avaient autant mérité que lui, et ne furent point jaloux.

Battue à Borodino, l'armée russe se reploya tout entière sous les murs de Moscou, et là, Kutusoff assembla son conseil pour délibérer si on livrerait bataille, ou si l'on incendierait l'ancienne capitale des Czars; mais depuis longtemps la résolution en était prise, et le conseil n'était convoqué que pour la forme.

Napoléon quitta son champ de bataille pour s'attacher aux pas de l'ennemi. Kutusoff traversa Moscou dans la journée du 14.

Le 15 septembre, Napoléon rejoignit son avant-garde. Il monta à cheval à une lieue de la ville. Moscou lui parut magnifique et imposante. Il s'attendait à voir arriver une députation de boyards dans l'attitude du respect et de la soumission. Sa première exclamation fut : « La voilà « enfin cette ville célèbre ! et sa seconde : « Il « en était bien temps ! » Bientôt des transfuges annoncèrent que Moscou n'était plus qu'une ville déserte. Une population de 250,000 âmes l'avait abandonnée.

Le gouverneur de Moscou, Rostopchin, avait rassemblé tous les malfaiteurs, et avait mis dans leurs mains des torches enflammées, en les chargeant d'expier leurs forfaits par la destruction de la ville sainte.

L'entrée de Napoléon dans la vieille et riche capitale de l'empire fut, pour les agents de Rostopchin, le signal de l'incendie. On fut l'annoncer à l'Empereur, à deux heures du matin; il passa le reste de la nuit dans une horrible agitation, quoiqu'il eût refusé de croire au désastre qui ne se manifestait pas encore à ses yeux. Mais le jour étant venu, il sut la vérité; alors il serra les poings et frappa du pied. Cependant aucun, signe d'incendie ne s'était manifesté au Kremlin, que Napoléon habitait. Ayant envoyé le maréchal Mortier s'informer des progrès du feu, d'après ses rapports Napoléon s'était un peu calmé, et il venait d'écrire des paroles de paix à l'empereur Alexandre. Un parlementaire russe devait les porter, lorsque, se promenant de long en large dans son appartement, l'Empereur aperçut à travers une de ses fenêtres, une immense lueur

à peu de distance du palais. C'était l'incendie
qui reprenait avec plus de force que jamais.

Napoléon marche convulsivement; il s'arrête
à chaque croisée, et regarde le terrible élément
victorieux dévorer avec fureur sa brillante conquête, se saisir de tous les ponts, de tous les
passages de sa forteresse, le cerner, le tenir
comme assiégé, envahir à chaque minute les
maisons environnantes, et le resserrant de plus
en plus, le réduire enfin à la seule enceinte du
Kremlin.

Les paroles sortaient brèves et hachées de sa
poitrine haletante, un feu sombre éclairait ses
yeux. « Ces gens sont inspirés par le démon......
« Quelle farouche détermination ! Quel peuple !
« quel peuple ! »

Oh ! de cette heure Napoléon fut frappé à
mort !.... l'énergie morale résistait, la nature
succomba ! le premier fil de son existence se brisa
au Kremlin, son heure fatale a sonné à Sainte-
Hélène.

En vain les généraux, les amis de Napoléon le
supplient à genoux de sortir de ce lieu de désola-
tion. Maître enfin des czars, Napoléon s'opiniâ-
trait à ne pas céder cette conquête, même à l'incendie, quand tout à coup un cri : *le feu est au*

Kremlin! passe de bouche en bouche. Le soldat russe qui l'a mis est arrêté ; il avoue avoir exécuté sa consigne au signal donné par son chef. Cet incident décide l'Empereur, il descend rapidement cet escalier du nord, fameux par le massacre de strélitz, et ordonne qu'on le guide hors de la ville. Mais on était assiégé par un océan de flammes ; elles bloquaient toutes les portes de la citadelle, et repoussèrent les premières sorties qui furent tentées. Après quelques tâtonnements, on découvrit à travers les rochers une poterne qui donnait sur la Moscowa. Ce fut par cet étroit passage que Napoléon, ses officiers et sa garde, parvinrent à s'échapper du Kremelin : mais qu'avaient-ils gagné à cette sortie? Plus près de l'incendie, ils ne pouvaient ni reculer ni demeurer, et comment avancer, comment s'élancer à travers les vagues de cette mer de feu? Ceux qui avaient parcouru la ville, assourdis par les cendres, ne pouvaient plus se reconnaître, puisque les rues disparaissaient dans la fumée et sous les décombres.

Il fallait pourtant se hâter. A chaque instant croissait autour de Napoléon le mugissement des flammes. Une seule rue, étroite, tortueuse, et toute brûlante, s'offrait plutôt comme l'entrée que

comme la sortie de cet enfer. L'Empereur s'é-
lança à pied et sans hésiter dans ce dangereux
passage ; il s'avança au travers du pétillement de
ces brasiers, au bruit des craquements des voûtes,
de la chute des poutres brûlantes, et des toits de
fer ardent qui croulaient autour de lui. Ces débris embarrassaient ses pas. Les flammes qui dé-
voraient avec un bruissement impétueux les édi-
fices entre lesquels il marchait, dépassant leur
faîte, fléchissaient alors sous le vent, et se re-
courbaient sur sa tête. On marchait sur une
terre de feu ! sous un ciel de feu ! entre deux mu-
railles de feu ! Une chaleur pénétrante brûlait
les yeux, qu'il fallait cependant tenir ouverts et
fixés sur le danger. Un air dévorant, des cendres
étincelantes, des flammes détachées embrasaient
la respiration courte, sèche, haletante, et
déjà presque suffoquée par la fumée. Les mains
brûlaient en cherchant à garantir la figure
d'une chaleur insupportable, et en repoussant les
flammèches qui couvraient à chaque instant et
pénétraient les vêtements.

Dans cette inexprimable détresse, et quand
une course rapide paraissait le seul moyen
de salut, le guide, incertain et trouble, s'arrêta. Là se serait peut-être terminée la vie

aventureuse de Napoléon si des pillards du premier corps n'avaient point reconnu leur empereur au milieu de ces tourbillons de flammes; ils accoururent, et le guidèrent vers les décombres fumants d'un quartier réduit en cendres dès lematin.

L'Empereur fut s'établir à une lieue de Moscou, au château de Pétrowskoïe. L'armée sortit aussi de la ville, qui resta livrée sans défense au pillage et aux flammes. Après avoir perdu un mois en fatales hésitations, Napoléon se vit contraint de songer à la retraite, que l'on présenta à l'armée comme une marche vers le gouvernement de Kalouga, où un territoire fertile lui procurerait de bons quartiers d'hiver; mais à la suite d'un combat meurtrier, à Malojaroslawetz, il fallut changer de direction. Dès ce moment commencèrent les embarras, les souffrances, la misère et le froid qui prenait chaque jour un nouveau degré d'intensité.

En partant de Moscou, on avait distribue aux soldats quelques rations de farine, avec lesquelles ils faisaient de la bouillie; mais, au bout de dix jours de marches et de contre-marches, cette faible ressource était épuisée. Quarante nuits sans repos se succédèrent; la neige, les glaces les Cosaques, la famine, les combats, furent nos tourments durant quarante jours.

Pendant que ses soldats étaient aux prises avec tant d'éléments de destruction, et que chaque heure en voyait tomber, couchés par les frimats ou par la faim, des milliers qui ne se relevaient plus, Napoléon cherchait encore à leur persuader, et peut-être se le persuadait-il lui-même, qui lui étaient encore possible, avec eux, d'accomplir sa vaste entreprise. Quand appuyé sur une branche de sapin, avec sa capote grise comme le ciel du pays, ses gros gants et sa toque de velours vert, brodée d'astracan, il marchait sur le verglas entre deux files de grenadiers et des marins de sa garde, tant de sérénité et de constance se peignaient sur son front de César, qu'il faisait douter à ses compagnons de leur mauvaise fortune et de la sienne.

A Krasnoë, au moment où il se portait de sa personne au devant des Russes, il remarqua près de lui un grenadier qui frappait fortement la terre avec ses pieds: « —Tu as donc bien « froid ? lui dit-il. — Sire, comme vous dites, « pas mal comme ça. — Tu n'es pourtant pas « au bout; il faut que tu ailles à Saint-Pé- « tersbourg. — Alors, Sire, pour marcher en « avant, nous retrouverons de la chaleur. »

Qu'elle fut épouvantable cette retraite ! C'é-
taient toujours des combats à soutenir, des marches forcées à faire, et d'horribles privations à
supporter. Sans cesse le vent du nord fouettait
au visage les flocons de neige qui venaient tout
ensemble du ciel et de la terre. Le soir, lorsqu'on avait atteint un village, un hameau, ou
au moins quelques maisons pour loger l'état-
major, c'était là qu'on établissait des bivouacs
sans abri, où il ne fallait pas moins de deux
heures pour allumer le bois vert qu'on était allé
couper dans les forêts. A peine ces feux bril-
laient, les cantinières emplissaient leurs bouil-
loires, où elles faisaient du café qu'elles ven-
daient jusqu'à 5 fr. la tasse ; ceux-ci pétrissaient
avec de la neige un peu de farine, ou fabri-
quaient des galettes qu'ils faisaient cuire au feu
devant lequel ils étaient assis, en les tenant ap-
puyées sur la pointe de leurs pieds ; ceux-là, qui
avaient été assez heureux pour assister à la chute
d'un cheval qu'on avait éventré, jetaient sur les
flammes quelques lambeaux de cette chair sai-
gnante ; d'autres faisaient, dans leurs bidons, de
la bouillie de seigle ou de son, dans laquelle
ils mettaient une cartouche pour remplacer le
sel. Puis auprès d'eux, il y avait, en grand nom-

bre, ceux qui, n'ayant rien à manger, voyaient ces apprêts avec douleur; et derrière, la foule des retardataires égarés, errant de bivouacs en bivouacs, cherchant, appelant, pendant 16 heures de ténèbres, pour retrouver leur régiment, leur bataillon, leur compagnie, implorant partout l'approche de quelque feu, et ne l'obtenant jamais.

Désespérés, ils finissaient par s'accroupir en dehors du cercle compacte de ceux qui se chauffaient, et quand on quittait la place, ils étaient gelés. Ces haltes nocturnes, qui commençaient dans la neige et se terminaient dans la boue, ruinèrent promptement la chaussure et les vêtements du soldat, qu'il était difficile de ne pas brûler, lorsque le visage penché sur les tisons, sans crainte de s'enfumer, il entrait dans la flamme pour échapper au froid.

Trompée dans son attente à Smolensk, où elle supposait, à tort, qu'on avait formé des approvisionnements considérables, l'armée passa outre avec douleur, et atteignit enfin les bords de la Bérézina.

Minski regorgeait de vivres qu'on y avait amenés, et pour arriver à cette ville, on allait traverser un pays où on trouverait au moins le nécessaire. On se précipita pour passer le fleuve, afin d'entrer dans cette terre promise, et tous ceux qui ne périrent pas dans les flots par l'écroulement des ponts, reprirent sur l'autre rive une nouvelle série de tribulations et de malheurs. Séduits par l'espoir de rencontrer quelque village, et d'y apaiser la faim qui les tourmentait, officiers et soldats se répandirent à droite et à gauche de la route, dans toutes les directions. Bientôt on vit le gros de l'armée, par cette fluctuation continuelle d'allants et de venants, tendre sans cesse à se dissoudre et à se recomposer; on ne pouvait se maintenir en état de suivre le mouvement de retraite et de faire bonne contenance qu'au moyen de ces écarts dont les plus énergiques étaient seuls capables.

On allait à la maraude pour soi et pour les autres; mais au milieu de ces calamités inouïes, les soldats, qui étaient encore sensibles à l'honneur, ne s'éloignaient jamais de la colonne sans avoir jeté un coup d'œil sur le noyau de leur régiment, où se trouvait le drapeau; si les rangs étaient clairs, on restait: le devoir l'emportait sur le besoin; et ce n'était qu'à la dernière extrémité qu'on se décidait à perdre de vue son aigie, même pour un instant : car, dans les moindres excursions, pour se procurer quelques vivres, il y avait toujours le péril de la vie ou de la liberté.

La Bérézina franchie, l'armée, plus désorganisée que jamais, prit la route de Wilna; à deux journées de cette ville, elle n'avait plus rien à redouter des Russes, et Napoléon, jugeant sa présence urgente en France, laissa les troupes au roi de Naples, qui ne craignit pas de les abandonner (Eugène le remplaça avec habileté), et partit au milieu d'un mécontentement que les troupes faisaient éclater sans déguisement. Accompagné de Duroc, Lobeau et Caulincourt, il se rendit à Varsovie, puis à Dresde, et après 14 jours du voyage le plus rapide et le plus secret, il arriva à Paris au moment où les désastres de l'armée y étaient révélés.

On a écrit qu'en partant de Wilna, Napoléon était malade d'esprit et de corps. Caulincourt s'est chargé de contredire ces assertions.

« J'ai le droit, dit-il, d'élever la voix, et de dire que l'Empereur conservait une force d'âme, une lucidité d'esprit vraiment admirables. Je dois être cru, quand j'affirme qu'il ne m'a jamais semblé si grand qu'au milieu de nos désastres.

Là, côte à côte avec moi, renfermé dans un étroit traîneau, environné des plus actuels périls, épuisé de froid, souvent de faim, car nous ne pouvions nous arrêter nulle part; laissant derrière lui les restes d'une armée débandée et exténuée, Napoléon ne posait pas; c'était une nature d'homme à nu, énervée ou vigoureuse. Et pourtant l'Empereur ne s'illusionnait point; il sondait la profondeur de l'abîme; son regard d'aigle dévorait l'espace : « Caulincourt, » me disait-il, « les circonstances sont graves... très-« graves.... Mon courage ne faillira pas.... Mon « étoile a pâli.... Mais tout n'est pas perdu.... « La France est essentiellement noble et brave... « J'organiserai des gardes nationales.... Cette « institution de la garde nationale est une des « plus grandes conquêtes de la révolution.... « C'est un moyen dont je me servirai avec suc-« cès... Dans trois mois j'aurai sur pied un mil-« lion de citoyens armés, trois cent mille hom-« mes de belles troupes de ligne.

« Mes alliés, tous les traités sont engloutis « sous les cendres de Moscou.... ces gens-là ne « sont avec nous que pour échelonner la trahi-« son, pour entraver mes opérations....

« Mais la France est encore redoutable.... la

« France offre de grandes ressources... le Fran-
« çais est le peuple le plus spirituel de la terre...
« mon vingt-neuvième bulletin n'est pas un coup
« de tête sans portée... c'est un acte de haute et
« loyale politique. Dans une circonstance don-
« née, la meilleure des finesses c'est le droit
« chemin, c'est la vérité.... L'intelligence fran-
« çaise comprendra la position de la nation, les
« énormes sacrifices que cette position impose.
« Moi, l'Empereur, je ne suis qu'un homme,
« mais tous les Français savent qu'autour de cet
« homme gravitent les destinées du pays, les
« destinées de la famille, la sûreté du foyer.. »

On lisait à la fin du 29ᵉ bulletin :

« La santé de S. M. n'a jamais été meilleure. »

Cette dernière phrase donna lieu à de vives
observations de la part des ennemis du gouvernement impérial, comme si ce n'était pas une
inquiétude naturelle et nécessaire à calmer que
celle de savoir comment l'Empereur avait supporté les fatigues de la campagne. La France,
en apprenant de tels désastres, avait besoin d'être
rassurée sur la santé du seul homme capable d'y
porter remède.

DERNIERE CAMPAGNE

D'ALLEMAGNE.

—

1813.

De retour aux Tuileries, l'Empereur, après avoir consacré quelques instants aux affections de famille, se montra, contre son habitude, le plus qu'il lui fut possible en public, accompagné de l'impératrice.

Impatient de réparer les pertes que son armée avait éprouvées dans une campagne désastreuse, il accéléra par sa présence les nouvelles forces que le Sénat avait mises à sa disposition. Semblable à Cadmus, il voyait sortir du sein de la terre des légions toutes prêtes à combattre.

Appuyé sur l'assentiment de la nation, et comptant sur la bravoure naturelle des Français, il se mit à la tête des nouvelles légions, et porta de nouveau la guerre sur l'Elbe, où l'attendaient les débris des vieilles phalanges, que le patriotisme sauvage des Moskovites et la rigueur du climat avaient dévorées. Parti de Paris, le 15 avril, il rencontra le 2 mai, à Lutzen, l'armée combinée des Russes et des Prussiens, et

remporta sur elle une victoire complète. « Il y
« a vingt ans, » s'écria-t-il sur le champ de bataille, « que je commande des arméee fran-
« çaises, je n'ai pas encore vu autant de bravoure
« et de dévoûment. » Et, le lendemain, il
adressa à son armée une proclamation, dont
nous croyons devoir citer les passages suivants :
« Soldats, je suis content de vous, vous avez
« rempli mon attente. La bataille de Lutzen sera
« mise au-dessus des batailles d'Austerlitz, d'Ié-
« na, de Friedland et de la Moskowa... Dans une
« seule journée, vous avez déjoué tous les com
« plots parricides de nos ennemis ! Nous rejet-
« terons ces Tartares dans leurs affreux climats,
« qu'ils ne doivent pas franchir. Qu'ils restent
« dans leurs déserts glacés, séjour d'esclavage,
« de barbarie et de corruption, où l'homme est
« ravalé à l'égal de la brute ! Vous avez bien mé-
« rité de l'Europe civilisée. Soldats ! l'Italie, la
« France, l'Allemagne vous rendent des actions
« de grâces. »

L'affaire fut prompte et glorieuse. A cinq heures
du soir, l'ennemi était en pleine déroute. Le
feu avait cessé partout, quelques rares boulets arrivaient de temps à autre, lancés au
hasard et sans but. Le maréchal Bessières,

enveloppé dans son manteau, monté sur une hauteur, suivait, une longue-vue à la main, la retraite des Russes. Un éclat d'obus tue un brigadier de son escorte : « Enterrez ce brave « homme, » dit-il en faisant un mouvement en avant, et il tombe lui-même frappé à mort par un autre boulet lancé à une très grande distance ! L'Empereur aimait Bessières, qui le suivit dans toutes ses campagnes, et qui assista à toutes ses batailles. Il avait passé par presque tous les grades du commandement de la garde imperiale. Bessières était d'une bravoure à toute épreuve ; estimé et aimé de tous, il a été sincèrement regretté.

L'Empereur fut très affecté de cette mort. « C'est une grande perte..... Bessières méritait « de mourir de la mort de Turenne..., c'est une « fin digne d'envie ! »

« Nous entrâmes à Dresde le 18 mai, et le bon, le noble roi de Saxe y rejoignit l'Empereur le lendemain. Alors que Napoléon venait de remporter la victoire de Lutzen, il offrit la paix à la Russie et à la Prusse ; elle fut refusée, et quelques jours après, encore inutilement vainqueurs à Bautzen, nous scellâmes notre gloire avec le sang de l'élite de l'armée française : Bruyères,

Kirgener et Duroc furent les déplorables trophées de la défaite de l'ennemi. Cette mémorable bataille dura trente-quatre heures. Pendant ce temps l'Empereur ne prit aucun repos.
Le second jour, accablé de lassitude et de sommeil, il mit pied à terre, s'étendit sur la pente
d'un ravin au milieu des batteries du corps du maréchal Marmont, et, au bruit d'une épouvantable
canonade, il s'endormit... On le réveilla une
heure après, en lui annonçant que la bataille était
gagnée. « N'est-ce pas le cas de dire que le bien
« vient en dormant; » et il remonta à cheval,
car, bien que l'affaire fût décidée entièrement,
on se battit partiellement jusqu'à cinq heures
du soir.

De merveilleux faits d'armes signalèrent encore cette victoire. L'armée, formée des débris
de la malheureuse expédition de Russie, de nouvelles recrues, d'enfants inhabiles au rude mé-
tier de la guerre, l'armée fit des prodiges de valeur et d'audace. Plusieurs fois on entendit
l'Empereur s'écrier pendant l'action : « Des en-
« fants! des soldats d'hier! Oh! des Français! les
« Français!

La tente de l'Empereur fut dressée sur le
champ de bataille, auprès d'une auberge isolée,

qui avait servi de quartier-général à l'empereur
Alexandre pendant les deux jours précédents.

Le lendemain l'Empereur fut frappé au cœur
par la perte irréparable d'un ami, d'un de ces
êtres trop parfaits pour notre civilisation. Duroc,
dans les hautes fonctions où l'appela la sagacité
de l'Empereur, conserva toutes les qualités de
l'homme privé toutes les vertus du citoyen : l'eni-
vrement de sa position ne put corrompre sa
bonne nature. Depuis le matin il n'avait pas quitté
l'Empereur. Pour la dixième fois peut-être les
Russes nous échappaient après nous avoir tué beau
coup de monde. Cet engagement, qui n'était pas
une bataille, fut très-meurtrier par l'acharnement
des deux partis. Deux ou trois boulets vinrent en ri-
cochant labourer la terre aux pieds de l'Empereur. Il se retourna vivement vers Duroc, placé
à ses côtés : « Comment, après une telle bou -
« cherie, pas de résultats ! mais ces gens-là re-
« naissent de leurs cendres... Quand donc cela
« finira-t-il ? » Et ses yeux exprimaient une fureur contenue. Au même moment un obus éclate d
renverse trois cavaliers, vient frapper un officier
de l'escorte, et le jette à travers les jambes u,,
cheval de l'Empereur. Il serra avec rage la bride
de l'animal qui se cabra.

« Sire, » dit un aide de-camp qui arriva au même moment, « le général Bruyères vient d'ê-« tre tué.

« — Ah ! » fit l'Empereur, et plus bas : cette « journée nous sera funeste ! » Puis d'un mou-vement brusque et heurté, il lance son cheval au galop sur une éminence qui dominait Makersdorf, où l'on se battait encore. Le maréchal Mortier, Duroc, Kirgener et Caulincourt le suivaient de très-près, mais le vent chassait la poussière et la fumée avec une telle violence qu'on se voyait à peine. Un arbre auprès duquel passait l'Empe-reur est frappé par un boulet qui le rompt. Carles de Plaisance survient, pâle et suffoqué, il s'approche : « Le général Kirgener est tué, « le duc de Frioul est... » — « Qu'est-ce? dit « l'Empereur, « qu'est-ce donc? Monsieur? »

« — Sire, le général Kirgener et... le grand-« maréchal sont tués. »

« — Duroc ! allons donc? c'est une erreur... « cela est impossible ; il était à mes côtés... »

Plusieurs aides-de-camp arrivent et confir-ment la fatale nouvelle. L'infortuné est mortel-lement blessé; le coup a déchiré les entrailles; le boulet, après avoir rompu l'arbre, a ricoché sur le général Kirgener, puis sur le duc de Frioul.

L'Empereur entend ces détails ; il quitte lentement le plateau et revient au camp. Arrivé dans
sa tente, il se promena long-temps en silence.
De temps en temps il s'arrêtait immobile :
« Quand donc le sort se lassera-t-il ?... quand
« cela finira-t-il ?... mes aigles triomphent en-
« core, mais le bonheur qui les accompagnait a
« fui... »

Le prince de Neufchâtel entra, il annonça que
cett fois encore les Russes avaient été repoussés.

« Il est bien temps ! dit l'Empereur avec amer-
« tume : deux braves généraux et Duroc dans
« une misérable escarmouche.

« Sire, » demanda Berthier, « quels ordres
« votre majesté a-t-elle à donnner ?

« — *A demain tout*... Où l'a-t-on transporté ?
« où est-il ? comment est-il, Berthier ?

« — Sire, il est dans une maison de Makers-
« dorf ; Ivan et Larrey sont auprès de lui... Il
« n'y a aucun espoir...

« — Il faut que je le voie.... Pauvre, pauvre
« Duroc ! ! »

Duroc, étendu sur un lit-de-camp, était en proie
à d'atroces souffrances. Sa figure, affreusement
décomposée, était méconnaissable. Quand l'Empereur entra, son regard s'attacha sur lui avec

cette horrible fixité de l'œil d'un mourant. Dans
ce regard, il y avait une expression indéfinissa-
ble de reproche et de tendresse.... L'Empereur
ne put le soutenir, et s'éloigna du lit. Une faiblesse le prit, l'Empereur se rapprocha, le serra
à plusieurs reprises dans ses bras ; les médecins
rentrèrent : « N'y a-t-il donc aucun espoir ? »
demanda l'Empereur. « Aucun, » repondirent-
ils. L'infortuné, en reprenant connaissance, cher-
cha des yeux l'Empereur, et lui demanda : « Par
« pitié, de l'opium.... » L'Empereur s'approcha,
prit la main de Duroc, la pressa, et sortit en
chancelant.

« — C'est horrible ! horrible ! mon bon, mon
« cher Duroc ! ah ! quelle perte!...» Des larmes
brûlantes coulaient de ses yeux et tombaient sur
ses vêtements ;

« A cinq heures du matin, Ivan entra chez
l'Empereur, qui comprit que tout était accompli !
« Enfin, il ne souffre plus, » dit-il ; « il est plus
« heureux que moi ! »

Le corps du duc de Frioul fut transporté à
Paris, dans l'église des Invalides, pour y recevoir les honneurs funèbres. Napoléon acheta la
maison dans laquelle il était mort, et chargea le
pasteur de faire placer à l'endroit du lit une

pierre sur laquelle seraient gravés ces mots :
« Ici, le général Duroc, duc de Frioul, grand-
« maréchal du palais de l'empereur Napoléon,
« frappé d'un boulet, est mort dans les bras de
« l'empereur, son ami. »

Cependant la vive poursuite de Napoléon
fatiguait les alliés. Ils changèrent tout-à-coup
d'intention, et demandèrent un armistice. Napoléon accepte leur demande, qui voilait la
plus basse perfidie ; ainsi la campagne militaire
fut suspendue.

L'armistice en effet, n'avait été demandé que
pour donner le temps à l'Autriche de complé-
ter ses armements, et dès-lors, elle déclara la
guerre à la France, ainsi que la Russie.

C'est ainsi que François II préparait la
ruine de son gendre. Napoléon s'était long-
temps refusé à croire que l'empereur d'Autriche pût faire cause commune avec les coalisés
du Nord, contre sa fille et son petit-fils.
En proie à une vive agitation, Napoléon fut
contraint de retourner à Dresde, où il
eut, pour la première fois de sa vie, un
violent accès de fièvre. A son réveil, il
apprit que le général Moreau, qui était

venu d'Amérique pour passer en Russie, se trouvant alors dans les armées ennemies, qu'il dirigeait par ses conseils, avait eu les deux jambes emportées par un boulet de canon, et qu'il n'avait survécu que peu d'heures à l'amputation. « Ainsi, dit-il, Moreau a trouvé la mort la première fois qu'il a pris les armes contre sa patrie. »

Après divers ordres donnés à l'armée, l'Empereur quitta Dresde.

Son projet était alors de tomber sur Blücher et sur Bernadotte qui commandait les Suédois, dont l'armée française n'était séparée que par une rivière. Les chefs de l'armée osèrent blâmer des projets dont l'exécution les effrayait. Son état-major se réunit pour le supplier d'abandonner ses plans sur Berlin, et de se retirer sur Leipzig. l'Empereur, resta deux jours dans la cruelle anxiété de l'indécision; enfin il céda.

En quittant Dresde, Napoléon donna l'ordre au général Saint-Cyr d'y tenir jusqu'à la dernière extrémité, puis il se dirigea sur Leipzig où il arriva de bonne heure.

Le 15 octobre, il étudia le terrain et traça ses plans. Sa parole brève, son commandement impatient, témoignaient de ses inquiétudes.

Nos forces numériques étaient dans une disproportion effrayante avec celles de l'ennemi,
et cette bataille était décisive. En suivant sur la
carte avec le doigt son tracé de bataille, l'Empereur dit : « Il n'y a pas de savantes dispositions
« qui compensent à ce point le vide des cadres.
« Nous succomberons sous le nombre..... Cent
« vingt-cinq mille hommes contre trois cent
« cinquante mille, et en bataille rangée !.... Ils
« l'ont voulu !... »

A Leipzig comme partout, comme toujours,
officiers et soldats se couvrirent de gloire. On
amena à l'Empereur le général autrichien Meerfeld, culbuté et défait avec toute sa division à
Dœlitz, par les Polonais et la vieille garde. Meerfeld, actuellement notre prisonnier, était un des
négociateurs de Campo-Formio ; à Austerlitz, il
avait porté les premières paroles d'un armistice.
L'Empereur qui, contre toute évidence, plaçait
encore de l'espoir dans de nouvelles ouvertures
à tenter envers l'Autriche, chargea Meerfeld de
faire goûter à l'empereur François les considérations qui devaient faire fléchir sa politique
devant la perte imminente de sa fille et de son
petit-fils. Il demandait un armistice à des conditions raisonnables. « Allez, dit-il au général

Meerfeld , « votre mission de pacificateur est
« belle. Si vos efforts sont couronnés du succès,
« elle vous assurera l'amour et la reconnaissance
« d'un grand peuple... La nation française et
« moi, nous désirons sincèrement la paix. Si on
« nous la refuse, nous saurons défendre l'invio-
« labilité de notre territoire jusqu'au dernier
« soupir.... Les Français ont montré une fois
« comment ils savent défendre leurs foyers en
« présence de l'étranger. » Meerfeld partit du
camp français, et ne reparut plus...

Napoléon, jusqu'au dernier moment, s'abusa
à l'égard de l'Autriche.

Dans la nuit du 17 au 18, l'Empereur, en
proie à une agitation extraordinaire, attendait
toujours le général Meerfeld , qui ne devait pas
revenir. Chaque mouvement, dans le camp,
attirait son attention ; son anxiété redoublait
d'instants en instants ; son visage était contracté
et d'une pâleur livide ; exténué de fatigue, il se
laissa aller sur un pliant adossé dans le fond de
sa tente : « Je me sens mal, » dit-il, en appuyant
la main sur son estomac, « ma tête résiste, mon
« corps succombe... »

Quand la crise fut passée, sa figure reprit de

l'animation. Entouré de son état-major, il donna des ordres et expédia des ordonnances à tous les chefs de corps d'armée. Le jour commençait et le carnage aussi allait commencer.

« Ce jour, » dit l'Empereur en montant à cheval, « ce jour va résoudre une grande question. « Les destinées de la France se décideront sur « le champ de bataille de Leipzig... Si nous « sommes vaiqueurs, tout peut encore se ré- « parer, si nous sommes vaincus, il est im- « possible de prévoir où s'arrêteront les con- « séquences d'une défaite. » Toute l'escorte put entendre ces paroles.

Vers midi, nous étions attaqués sur tous les points par toutes les forces réunies des alliés. L'armée réduite à moins de cent mille hommes, avait devant elle trois cent cinquante mille combattants serrés en masse dans un demi-cercle de trois quarts de lieues, avec douze cents pièces de canon. Des réserves fraîches remplaçaient à mesure les trouées faites par notre mitraille.

On annonça successivement la mort des généraux Vial et Rochambeau. Le brouillard, la fumée, le tumulte de la mêlée, permettaient à peine de se reconnaître. Il était fort difficile de suivre l'Empereur ; à chaque instant on le per-

dait de vue ; il était partout, bravant les plus
grands dangers, et dédaignant la vie sans la victoire.

Jusqu'ici on combattait avec des chances diverses. Un aide-de-camp de Regnier arrive ; il
annonce que l'armée saxonne et la cavalerie wur-
tembergeoise du général Normann, c'est-à-dire
douze mille hommes et quarante pièces de canon, ont passé du côté de Bernadotte... D'après
l'ordre de ce dernier, le commandant de l'artillerie saxonne a tourné ses canons, et tiré au
moment même sur les Français. L'Empereur,
immobile sur son cheval, lève les yeux au ciel,
comme pour en appeler à la justice de Dieu.
« Infamie ! » s'écrie-t-il d'une voix tonnante,
Mille voix couvrent la sienne ; des imprécations,
des rugissements de rage retentissent de toute
parts, Quelques officiers saxons, restés fidèles
brisent leurs épées en versant des larmes de
honte, et se retirent sur nos derrières. Un dragon de l'escorte pousse son cheval auprès de
l'Empereur : « Nous nous passerons d'eux, les
« lâches ! vos Français sont là... » et il part
comme un trait au milieu de la mêlée. Des cris
délirants de : « Vive l'Empereur, mort aux
« Saxons, » volent de bouche en bouche ; toute

l'escorte rejoint le dragon, les officiers seuls demeurent à leur poste auprès de Napoléon.

Quelques minutes après, un jeune officier de hussards sortant de l'école de Saint-Germain, s'élance tête baissée dans les rangs ennemis. Dans une charge, un des misérables transfuges a enlevé une de nos aigles ; le noble jeune hom-me la lui arrache en échange de sa vie, et vient la jeter aux pieds de l'Empereur, où il tombe sanglant et mortellement blessé. L'Empereur ému, dit : « Qu'il y a de ressources dans notre « France, avec de tels hommes. » Et sa physionomie sombre et glacée s'éclaircit un moment.

Tant d'admirable valeur, tant de bravoure, ne peuvent vaincre la destinée. Nos munitions sont épuisées avant le reste de notre sang. Pour la première fois, nous quittons le champ de bataille sans avoir vaincu, et nous commençons cette fatale retraite où les malheureux échappés à une mort glorieuse trouveront une mort sans gloire dans les eaux de l'Elster. Là périra aussi Poniatowski, l'idole et le drapeau des braves et dévoués Polonais.

Le 19 au matin, l'Empereur se rendit au palais du roi de Saxe. Les adieux furent déchirants Le roi ne pouvait pas se consoler de la

conduite des Saxons. La reine, la princesse Au-
gusta, effrayées des dangers que courait Napoléon, les yeux pleins de larmes, les mains jointes,
le suppliaient de s'éloigner. L'Empereur s'arracha aux embrassements de cette excellente famille.

Murat quitta l'Empereur à Erfurth, sous prétexte que sa présence était indispensable à Naples, pour défendre son royaume. Aux avant-
postes, le 22 octobre, il avait stipulé des con-
ventions avec l'Autriche et l'Angleterre...

Chaque jour de notre retraite était marqué
par un nouveau combat. Nous ne devions voir
a France qu'en marchant sur les corps sanglants
de nos frères.... A Hanau, la garde impériale,
précieux débris de cette vaillante grande armée,
remporta la victoire contre toutes les forces des
Bavarois commandés par le général de Wrède,
qui avait gagné son illustration, l'ingrat! en combattant pendant dix années sous les drapeaux
français.

Le 2 novembre, nous entrâmes à Mayence,
où toutes nos troupes passèrent le Rhin. L'Empereur se détermina alors à partir pour Saint-
Cloud.

CAMPAGNE DE FRANCE.

1814.

—

La France après avoir, pendant vingt ans, porté la guerre chez les divers peuples de l'Europe ,
voyait ses propres frontières menacées. Les rois
coalisés, en arrivant sur le Rhin, publiaient des
manifestes dans lesquels , séparant la nation de
son chef, et déchaînant contre Napoléon ce qu'il
avait retenu contre eux , ils invoquaient les doc-
trines populaires , et déclaraient n'en vouloir
qu'à la puissance oppressive et à l'ambition obs-
tinée de l'homme qui avait pesé si long-temps
sur l'Europe.

Cependant, le Rhin arrêta pendant deux mois
les armées étrangères ; le prestige de gloire qui
environnait nos armes défendait encore nos frontières , car les bataillons qui étaient rentrés sur
le sol natal étaient trop peu nombreux pour
garder tous les passages. Toutefois, dans un congrès assemblé à Francfort , il y eut des pourpar-
lers de paix ; mais ce ne fut, de la part de la di-
plomatie étrangère , qu'une ruse pour mieux
abuser les peuples ; car , malgré les sacrifices de
territoire imposés à l'Empereur, et auxquels il se

résignait, il ne put obtenir que, pendant les négociations, les opérations militaires fussent sus-
pendues.

A mesure que le plénipotentière français accep-
tait ce qu'on offrait, une nouvelle prétention
s'élevait à la suite d'une difficulté vaincue.

Les avis du comité organisé à Paris pour renverser le gouvernement impérial, réagissaient
comme une puissance dirigeante dans les délibé-
rations des alliés. Les destinées de la France
étaient entre les mains d'une coterie habile, malheureusement secondée par les dernières défaites
qui avaient épuisé nos forces. La France, avec
les débris de son admirable armée, était seule
contre toute l'Europe, et la trahison, organisée
dans le sein de la capitale, livrait à l'ennemi le
secret de ses derniers moyens de défense, lui
donnait le chiffre exact des vides de nos cadres,
et indiquait avec une atroce précision le terme
de la résistance possible.....

Il fallut donc se résoudre à combattre.

Napoléon avait fait mettre sous les yeux du
Sénat et du Corps-législatif les pièces relatives
aux négociations entamées avec les alliées. Il en
fut fait un rapport qui, présenté à Napoléon, l'ir-
rita vivement. Après avoir exprimé son mécontentement au Corps-Législatif, l'Empereur se
rendit au conseil d'Etat où, après avoir parlé de

la situation des affaires, et de la conduite du Corps-Législatif, il ajouta :

« Toutefois, il faut prendre un parti : le Corps-
« Législatif, au lieu de m'aider à sauver la France,
« concourt à précipiter sa ruine ; il trahit ses
« devoirs, je le dissous. Tel est le décret que je
« rends, etc..... »

Si, dans une situation aussi embarrassée, et que chaque jour une nouvelle désastreuse venait encore compliquer, Napoléon eût suivi le conseil qui lui fut donné (1) d'en appeler au peuple Français, l'intelligence nationale aurait compris que le concours simultané de tous à la défense commune assurait à chacun l'inviolabilité du foyer, la conservation de la propriété, la paix pour le pays, et l'invasion des puissances étrangères n'aurait pu s'effectuer en présence de la France armée. Mais Napoléon, subissant l'influence du trône, rejeta ce moyen de salut dont il redoutait les conséquences pour la possession incontestée de sa couronne.

Après avoir fait tous les efforts qu'on devait attendre de son génie et de son activité pour réorganiser l'armée, et donner l'élan aux populations, l'Empereur conféra pour la seconde fois la régence à l'Impératrice Marie-Louise, le commandement militaire de la capitale à son

(1) Par Caulaincourt,

frère Joseph, et se disposa à quitter Paris. En
prenant congé des officiers de la garde nationale
parisienne qu'il avait réunis, il leur adressa cette
allocution :

« Je pars, leur dit-il, en leur présentant l'Im-
« pératrice et le roi de Rome; je vais combattre
« nos ennemis. Je laisse à votre garde ce que j'ai
« de plus cher.... Vous m'avez élu ; je suis votre
« ouvrage ; c'est à vous de me défendre. »

Le 25 janvier, l'Empereur quitta la capitale
pour se mettre à la tête de son armée, déjà re-
foulée jusqu'à Saint-Dizier.

Alors commença cette campagne de miracles
où le génie de Napoléon brilla d'un immortel
éclat. Jamais armée n'avait exécuté de plus beaux
faits d'armes, de plus savantes manœuvres, de
telles merveilles. Dans la campagne de France
se renouvelèrent ces prodiges d'Italie, qui a-
vaient signalé au monde entier l'apparition d'un
héros! La fin de la carrière militaire de Napoléon
fournit la plus gigantesque défense qu'offrent
les annales de la guerre.

« D'après les ordres de l'Empereur, le duc
de Vicence partit dans les premiers jours de janvier pour le quartier général des alliés, avec
tous les pouvoirs pour conclure, afin d'arrêter
les progrès de leurs armées, et d'éviter une grande
bataille dont la perte aurait ruiné toutes les es-

iérances de la nation. Ces pleins-pouvoirs abso-
us, Napoléon ne les révoqua qu'après ses vic-
oires. Ainsi, pendant plus de quinze jours,
i les alliés l'eussent voulu, la paix aurait été
onclue et signée à Châtillon. Mais le but des alliés n'était pas la paix : ils voulaient se venger
les triomphes de la France ; ils se rappelaient
ces jours où l'aigle française planait sur leurs ca-
pitales. Après la rupture des conférences, le duc
de Vicence rejoignit Napoléon à Saint-Dizier.

———

Il était temps que Napoléon parût en personne
sur le champ de bataille. Les frontières orientales
de la France étaient sur tous les points envahies
par les étrangers qui, après avoir longtemps hé-
sité, encouragés à avancer par ceux qui trahis-
saient déjà la patrie, les avaient franchis presque sans résistance.

Des ministres même de l'Empereur, de hauts
fonctionnaires, voilà les traîtres. Plus tard, fa-
vorisés par les événements, ils n'ont pas rougi de
se faire honneur de leur trahison.

D'après les instructions de l'Empereur, tous
les corps français postés sur le Rhin conver-
geaient lentement sur Châlons en Champagne,
point central qui devait être le pivot des nouvelles
opérations. A 600 mille étrangers qui pénétrèrent

au cœur de la France, Napoléon put à peine
opposer 70 mille hommes, et la levée en masse
qu'il ordonna ne lui donna que de faibles secours ; mais l'Empereur, par des manœuvres
stratégiques empreintes du plus profond génie,
après des succès réitérés, forma le hardi projet
de laisser à ses lieutenants le soin de couvrir
Paris, et d'aller lui-même manœuvrer sur les derrières des alliés. Ce mouvement militaire devait probablement consommer l'œuvre de toute
la campagne, en déterminant leur retraite. Une
dépêche interceptée dévoila aux généraux ennemis le projet de l'Empereur ; un envoyé de
Talleyrand vint les presser de se rendre à Paris, leur promettant que les portes leur en seraient ouvertes (1).

(1) A. Hugo.

ÉPISODES DE LA CAMPAGNE

DE FRANCE.

1814.

—

Les alliés avaient divisé leurs forces en deux armées ; la grande armée formait trois corps, sous les ordres de Schwartzenberg ; l'armée de Silésie commandée par Blücher.

L'armée principale menaçait Troyes, qui courait un imminent danger. Bientôt instruit que le duc de Trévise se retire dans cette ville, Napoléon court à Saint-Dizier, et coupe en deux l'armée ennemie. Il aurait voulu qu'une grande bataille, qui devait décider du sort de l'état, fût livrée à Brienne. Cette petite ville était défendue par les Russes, et le château par les Prussiens. Alors eut lieu le combat le plus acharné. Blücher, qui descendait tranquillement du château, n'eut que le temps de s'enfuir au milieu des balles de notre avant-garde ; la perte fut énorme des deux côtés, mais nous restâmes maîtres du champ de bataille. Napoléon, sur les dix heures du soir, regagnait son quartier-général de Mézières, lorsqu'une troupe de cosaques se jeta sur lui, et l'un d'eux allait le percer de sa lance, mais le géné-

ral Gourgaud l'étendit mort aux pieds de Napoléon, d'un coup de pistolet. A la suite du combat, les Russes battirent en retraite sur Bar-sur-
Aube.

Tout ce qui entourait l'Empereur était plein
de dévouement et d'ardeur, et quoique les affaires fussent bien mauvaises, chaque victoire
partielle que nous remportions redonnait de la
confiance et de l'espoir.

Pendant la bataille d'Arcis-sur-Aube, au moment où l'affaire était engagée sur tous les points,
une division de cavalerie russe, forte de six mille
hommes et précédée de cosaques, franchit nos
lignes en culbutant notre cavalerie très-inférieure
en nombre. L'Empereur, dont le coup d'œil rapide saisissait tous les mouvements du champ de
bataille, aperçoit un nuage de poussière qui gros-
sit devant lui, et à travers lequel on ne peut rien
distinguer, il se porte aussitôt de ce côté. Quelques cavaliers en arrivent à toute bride, les uns
blessés, les autres effarés. En un moment une foule
de fuyards enveloppe l'Empereur. « Qu'est-ce ? »
dit-il, « qu'est-ce donc ? Dragons, où allez-vous ?
« Arrêtez, arrêtez.... vous dis-je ! — Les cosaques ! les cosaques ! » Le tumulte est au comble,
la déroute imminente.

Un officier survient, sans casque et couvert de
sang ; il aperçoit l'Empereur, et s'élançant à sa

rencontre : « Sire , les cosaques ont enfoncé nos
« lignes, nous ont culbutés : ils sont appuyés par
« une forte division de cavalerie. — Dragons,
« ralliez-vous ! » crie l'Empereur d'une voix tonnante, en se dressant sur ses étriers. « Que
« faites-vous ? vous fuyez, et je suis là... Serrez
« vos rangs, dragons ! en avant... » et mettant
l'épée à la main, il s'avance intrépidement au grand
trot au-devant d'une nuée de cosaques. Il est suivi
de son état-major, de ses escadrons de service et
de ces mêmes hommes qui , terrifiés, démorali-
sés , en fuite, un instant plus tôt, se précipi-
taient sur l'ennemi aux cris de : « vive l'Empe-
« reur ! » La colonne russe est culbutée, refou-
lée hors de nos lignes , et poursuivie à outrance.

L'Empereur, après cette échauffourée , revient
tranquillement se placer au milieu du champ de
bataille d'où il continue à commander l'action.
C'est à la tête des débris d'un régiment de dragons que l'Empereur entreprend de repousser
l'ennemi , et qu'il y parvient. Le combat dura
jusqu'à minuit, mais nous ne pûmes arracher
la victoire. L'armée française combattait avec
à peine dix mille hommes, épuisés de fatigue ,
contre trente mille de troupes fraîches com-
mandées par de Wrède.

Le duc de Vicence rappelant un jour à Napoléon sa conduite à Arcis-sur-Aube ; il le regarda

d'un air étonné. « Ma foi ! dit-il en riant, il y
avait long-temps que cela ne m'était arrivé.....
« Parbleu ! à propos, je me rappelle que j'ai eu
« bien de la peine à trouver mon fourreau pour
« rengainer.» Et il se mit à rire aux éclats de sa
« maladresse ; puis il ajouta gaîment : « Or, il
« faut savoir que ma redoutable épée est certaine-
« ment une des plus mauvaises lames de l'armée.»
Une des manies de l'Empereur était de ne pas
souffrir qu'on renouvelât cette épée à la simple
poignée de nacre , bien terne et bien mesquine.
Il n'est pas un officier qui eût voulu en porter
une semblable.

———

Il est de la dernière évidence que l'Empereur,
dans cette bataille , a cherché la mort. Effrayés
des dangers qu'il courait, l'état - major et les
escadrons de service se rapprochaient de lui et le
serraient de près; mais à chaque instant l'Empereur se portait en avant. Épouvanté de son
intention, qu'il pénétrait , le duc de Vicence se
hasarda à lui faire observer que le débouché
servant de point de mire à l'ennemi, il se trouvait horriblement exposé à cette place. « Je me
trouve bien, lui répondit-il brièvement. Ce ne
fut qu'au moment où il s'élança l'épée à la main
au-devant des Cosaques qu'il quitta cette dan-

ereuse position. Durant cette affaire, enve-
ppé plusieurs fois dans le tourbillon des char-
es, son escorte ne put le rejoindre. Un obus
mbe à ses pieds, et il disparaît dans un nuage
e poussière et de fumée. Des cris de terreur
élèvent de toutes parts? On le croit perdu! Il
e relève, se jette sur un autre cheval, et va se
lacer sous le feu d'une batterie que quelques
ataillons de la vieille et de la jeune garde cher-
haient en vain à débusquer. La présence de
l'Empereur au milieu d'eux, les dangers qu'il
ourt, électrisent ces braves gens. Leurs efforts
edoublent, ils forcent enfin la position, en
hassent l'ennemi, et laissent à cette seule place
lus de quatre cents des leurs.

Mais les sublimes efforts du génie militaire du
rand capitaine, les prodiges de dévouement, la
onstance inébranlable de cette poignée de soldats qui, de la rivière d'Yonne à la rivière
l'Aisne, tenaient ferme, depuis deux mois,
devant deux armées combinées, devant trois
cent mille hommes incessamment renforcés; la
stratégie audacieuse qui, d'un revers d'épée, avait
séparé, par deux fois, la masse assaillante en
deux tronçons, rejetés à cinquante lieues l'un
de l'autre; Brienne, Champ-Aubert, Montmirail,
Montereau, Craonne; tant de marches forcées à
travers les boues et les neiges de la Bourgogne et

de la Champagne ; tant de privations surhu-
maines, tant de périls et tant de gloire devaient
être inutiles : l'arrêt suprême était prononcé !
Le clairon des barbares résonnant dans Paris,
allait annoncer au monde étonné que la France
était trahie et livrée, que la révolution était
vaincue, vaincue par l'alliance monstrueuse des
peuples et des rois.

Blücher est à Laon, massé sur la rive droite
de l'Aisne, à la tête de cent vingt mille hommes ;
il hésite devant Napoléon, qui l'a repoussé en
désordre au-delà de cette barrière, et lui oppose
à peine trente mille soldats. Frappé de crainte,
Schwartzenberg reste enfermé dans l'angle formé
par la Seine et l'Yonne. L'émigré Saint-Priest,
sorti des défilés de l'Argonne, a vu ses quinze
mille hommes broyés contre les murs de Reims
et foulés aux pieds de notre cavalerie. Spectacle
admirable ! sur le vaste demi-cercle qui s'étend
de Montereau à Reims, soixante mille Français,
présents partout et partout invincibles, tiennent
immobiles au bout de leurs baïonnettes trois cent
mille alliés. La route de Paris est fermée. Le
premier flot de l'invasion, qui semblait devoir
tout emporter sur son passage, a trouvé une digue
insurmontable.

Mais ce n'est pas assez que d'arrêter ainsi, à
quarante-huit lieues de la capitale de la France,

Blücher et Schwartzenberg : le salut de l'empire est à plus haut prix !

De toutes parts à l'horizon, si loin que la vue s'étende, l'œil aperçoit de longues colonnes d'hommes armés se dirigeant vers la France. Des steppes de la Russie aux monts asturiens, l'Europe soulevée est en armes, se ruant aux rives de la Seine ; et du sein de ces masses guerrières, un cri unanime, formidable, s'élève : Guerre, haine à la France ! Enveloppée dans les plis dorés de son manteau impérial, la nation révolutionnaire a été méconnue : le glaive qui prépare l'affranchissement de l'Europe n'apparaît plus aux yeux des nations que comme l'instrument d'une conquête ambitieuse. Fatale erreur qui coûtera cher à la France, cher à son chef, et que les peuples expieront durement !

Bientôt, pénétrant par nos frontières ouvertes, un million d'hommes viendra se joindre aux nombreuses armées qui déjà étreignent la France et touchent à Paris. Pour les arrêter dans leur marche, il faut donc frapper un coup qui les étonne et les intimide, faire plus que tenir en échec la double armée de Blücher et de Schwartzenberg ; il faut la disperser, l'anéantir ; et, devant un si grand désastre, ces auxiliaires qui accourent des confins de l'Europe n'oseront pas s'aventurer, sans doute, sur le sol brûlant qui aura dévoré tant de légions : la coalition sera rompue.

Ce coup de génie et d'audace, Napoléon l'a conçu, et il s'est résolu à le tenter. Il abandonne sa base d'opérations : il va s'appuyer aux places forte de l'est, aux populations dévouées de l'Alsace, de la Lorraine, de la Bourgogne, de la Champagne ; il va porter la guerre sur les derrières de l'ennemi, en coupant ses lignes d'opérations, ses communications, en l'isolant de ses dépôts et de ses renforts. Augereau remontera simultanément la vallée de la Saône, prendra à revers la gauche de Schwartzenberg, et coopérera à l'exécution de cette grande combinaison militaire. Déjà les généreuses provinces sur qui a compté Napoléon ont lancé des milliers de partisans sur toutes les routes. Malgré la lâcheté, l'ineptie, la trahison des grands fonctionnaires qui les gouvernent, leur courage et leur patriotisme ont surgi sous la pression de l'invasion : que sera-ce donc quand l'armée sera au milieu d'elles quand Napoléon lui-même activera leur énergie dirigera leurs efforts ?

Paris est ainsi livré à ses propres forces. Napoléon a pensé, les yeux fixés sur un passé glorieux, que la capitale de France saurait, au besoin, pourvoir à sa défense. Si l'ennemi osait, avait-il dit, entreprendre contre Paris, Paris se défendrait sur les hauteurs qui le couronnent et le protégent ; il combattrait jusque dans ses faubourgs, dans ses maisons crénelées, dans ses rues barricadées. Sa résistance serait assez énergique et assez prolongée pour donner à l'armée le temps d'arriver à son secours ; et alors les coalisés, pressés entre nos bataillons et la population parisienne, éprouveraient une défaite certaine.

Les moments sont précieux ; l'exécution a suivi immédiatement la pensée. Libre de ses mouvements dans la grande trouée qu'il a pratiquée entre Blücher et Schwartzenberg, Napoléon s'est porté sur Vitry, poussant une division jusqu'à Chaumont. Maintenant, Marmont, qui conduit l'aile gauche, Marmont, la fatalité de la campagne, viendra-t-il le rejoindre ? Augereau répondra-t-il à la confiance du chef ? Si Paris est attaqué, verra-t-il luire encore ces jours de grandeur et d'énergie où, à l'approche de Brunswick, il lança soudain, aux rives de la Marne quarante-huit bataillons recrutés dans ses murs ? De la solution de ces questions, de la dernière surtout dépend le salut de la patrie.

Vitry, occupé en force, a résisté aux sommations ; Napoléon a passé outre, a couru à Doulevent, battre un corps austro-russe. Marmont s'est laissé couper et rejeter sur Paris. Il n'impo Napoléon poursuit ses desseins, et bient

7

atteint le Russe Vinzingerode et dix mille hommes
qui sont culbutés. Victoire inutile ! Dans la nuit
du 27 au 28 mars, trente-six heures après ce
dernier succès de nos armes, l'armée française
occupait Saint-Dizier et ses alentours. Vers deux
heures du matin, tout était calme au bivouac.
Epuisés de fatigue, hommes et chevaux gisaient
étendus sur la terre durcie par la gelée, se pré-
parant, par un sommeil de quelques heures,
aux rudes travaux de la journée qui allait suivre.
Autour de la flamme vacillante des feux, qui
vont s'éteindre, les fantassins, enveloppés dans
leurs capotes grises, les cavaliers, roulés dans
leurs manteaux, demeurent immobiles et silencieux.

Au quartier-général du chef, dont le génie
commande à ces légions mutilées, tout est plongé
aussi dans un silence profond, qu'interrompt à
peine le pas précipité de quelques soldats qui
gardent, par une froide nuit, la demeure pas-
sagère de l'homme du destin.

Tout à coup, suivi d'une faible escorte, un cavalier arrive au galop, traverse les gardes, met
pied à terre, et pénètre précipitamment à l'intérieur du quartier-général. Il entre dans une salle
basse où veillent quelques officiers de service, et

jette de côté le manteau qui le couvre : c'est Caulaincourt, le négociateur malheureux de Châtillon. Il paraît en proie à une agitation profonde. D'un ton bref, il dit, s'adressant à un des officiers qui sont là : « Réveillez le grand-maréchal ; il faut que je lui parle sur-le-champ, allez vite ! » L'officier obéit ; mais, sans plus attendre, Caulaincourt le suit et arrive en même temps dans la chambre où le grand-maréchal dormait tout habillé. Caulaincourt, congédiant d'un geste son guide, referme brusquement la porte.

Quelques minutes après, Bertrand et Caulaincourt sortent et vont droit à un salon situé sur le même palier, où repose l'Empereur. Napoléon avait travaillé jusqu'à une heure fort avancée de la nuit ; il sommeillait à peine depuis trois-quarts d'heure ; mais, à la voix du grand-maréchal qui lui annonça l'arrivée inopinée de Caulaincourt, il fut bientôt debout, tout prêt à écouter son plénipotentiaire. Eh bien, Caulaincourt, dit Napoléon, quelles nouvelles ? J'ai reçu vos dernières dépêches ; le congrès est rompu ; *ils* ne veulent pas la paix ; *ils* ne l'ont jamais voulue ; soit : la guerre va continuer, et nous la ferons bonne. — Sire, reprit Caulaincourt d'une voix émue, ce que j'ai à vous apprendre est plus grave encore que ce que vous savez. — Napoléon croisa les bras sur sa poitrine, regardant Caulaincourt d'un air de surprise. Celui-ci continua, et raconta que, d'après des rapports certains, l'armée de Schwartzenberg avait passé l'Aube au moment même où l'Empereur marchait contre Vitry, rejoint sur la Marne l'armée de Silésie, et, de concert avec elle, s'avançait sur Paris. C'est Alexandre qui a emporté cette décision dans le conseil des coalisés, en montrant les avis que lui ont fait parvenir de Paris quelques misérables à la tête desquels se trouvent Talleyrand, Delberg, Montesquiou, etc. ; et, ajouta Caulaincourt, au moment où je parle, les deux armées réunies ne sont peut-être pas à vingt-cinq lieues de Paris. Le corps de Winzingerode, que vous avez battu le 26, n'avait été laissé devant vous que pour masquer la grande opération qui menace la capitale.

Ce récit concordait avec les renseignements donnés par des prisonniers du corps de Winzingerode. Ce qui n'était encore qu'un doute devenait une certitude terrible. A cette désastreuse nouvelle, Napoléon resta impassible : on eût cherché en vain sur sa figure, dans sa démarche, dans ses gestes, la trace de la plus légère émotion. Après que Caulaincourt eut fini de parler, il parcourut deux ou trois fois le salon dans sa longueur, livré à ses réflexions; puis, il dit d'une voix calme : Bertrand, mes cartes.

Une carte du théâtre de la guerre fut étendue sur le plancher, et, une bougie dans une main, un compas dans l'autre, Napoléon l'examina d'un œil tranquille, se faisant répéter avec tous les détails le récit qu'il venait d'écouter, discutant les preuves, les renseignements qui lui étaient fournis, supputant les distances, évaluant froidement les chances qui lui restaient dans cette nouvelle phase de la lutte.

Au bout d'une heure, la diane retentissait dans le camp et dans la ville, l'armée avait reçu l'ordre de se mettre en marche sur Troyes. De là, elle devait se porter au secours de Paris.

Le jour commençait à peine à poindre, que déja les colonnes étaient formées et s'ébranlaient pour converger au point assigné. Suivant une habitude qu'il avait prise dans cette campagne, Napoléon avait voulu voir défiler sa garde au départ. Il s'était placé près d'un feu de bivouac allumé tout exprès à quelques pas, hors de St-Didier, à droite de la chaussée qui conduit de cette ville à Troyes, par Montiérender. Là, il contemplait au passage les restes de ses redoutables phalanges. A côté de lui se tenaient Bertrand et Caulaincourt, à deux ou trois pas en arrière, quelques officiers formés en groupe, et plus en arrière les escadrons de service.

Cette garde, quoiqu'elle fût incessamment recrutée dans les autres troupes, présentait des vides immenses dans ses cadres, et qu'on essayait en vain de dissimuler, en formant l'infanterie sur deux rangs, au lieu de trois, en réduisant la longueur du front des pelotons de la cavalerie. Des compagnies de 50 ou 60 hommes à peine, des régiments de cavalerie de moins de trois cents chevaux attestaient avec une triste éloquence les luttes gigantesques soutenues, depuis trop long-temps, contre les hommes et contre les éléments. Officiers et soldats portaient sur leur figure la dure empreinte des souffrances endurées et des malheurs de la patrie. Une boue blanchâtre fixée par la gelée des derniers jours, couvrait leurs vêtements usés et déchirés. Puis, çà et là, dans les rangs, apparaissaient des têtes enveloppées de linge passant sous le casque et le schako, des visage balafrés, des bras en écharpe ; et, ce qui accusait encore bien clairement tant de fatigues, de privations, et, de plus, bien des pertes cruelles, des jeunes gens jaunis par la fièvre, au corps débile et exténué, se trouvaient mêlés à ces vieux débris.

Cependant, rien en ces hommes éprouvés n'an-nonçait le découragement ; et, au moment où ils passaient devant le chef dont le regard était fixé sur eux, on les voyait tous jusqu'aux plus faibles soldats se redresser fièrement, et jeter de son côté un coup d'œil assuré. Pour eux et pour lui, cela voulait dire : aujourd'hui, comme hier, tu **peux** compter sur nous.

Napoléon assistait pourtant, en apparence, à **ce** défilé de sa garde comme à une parade au **Carrousel**, au temps de sa puissance. La physionomie calme et ouverte, il adressait, de temps à autre, la parole à Bertrand et à Caulaincourt, saluait les drapeaux qui s'inclinaient devant lui, faisait appeler quelques généraux, quelques colonels pour leur poser de ces questions auxquelles il fallait être toujours prêt à répondre : combien d'hommes dans le rang? Combien de cartouches dans la giberne? Combien de coups à tirer dans les caissons? La confiance du chef fait la force du soldat. Mais autour de l'Empereur les figures étaient soucieuses ; on échangeait tout bas de pénibles réflexions : la fatale nouvelle avait circulé dans l'état-major, on la commentait avec une anxiété qui ne pouvait guère se déguiser. Le grand-maréchal surtout avait un air de tristesse indicible. En devinant l'objet, et voulant sans doute faire passer un peu de sa confiance au cœur de son entourage, Napoléon interpella tout-à-coup ce noble compagnon de sa bonne et de sa mauvaise fortune : « Eh bien ! Bertrand, à quoi « pensez-vous donc ainsi, depuis une **heure**

« voyons, dites-moi le sujet de vos graves ré-
« flexions ? » — Le grand-maréchal resta muet
et embarrassé. Napoléon ajouta en souriant, mais
un peu impatient : « Allons, parlez donc, Ber-
« trand, et parlez franchement. — Sire, puis-
« que vous l'exigez... je pensais qu'au moment
« où nous sommes ici, l'ennemi était peut-être
« entré dans Paris. — Eh bien ! Bertrand, » dit
Napoléon, en élevant la voix pour être entendu
de son état-major, « si l'ennemi est entré dans
« Paris, nous l'en chasserons. Les Parisiens, et
« ces soldats, qui seront dans quatre jours sous
« Paris, suffiront à la besogne. » Ces mots furent
prononcés d'une voix vibrante, d'un ton d'assu-
rance qui n'admettait pas la réplique ; et cette
confiance n'était pas affectée : le grand capitaine
avait foi en son génie, en ses soldats, en la population de Paris. A quoi a-t-il tenu que les faits
l'aient justifié ?

Après le défilé, Napléon prit le galop, et gagna
bientôt la tête de la colonne, disant à mi-voix aux
colonels et aux généraux à côté desquels il passait : « Allons ! allons ! dépêchons-nous ! des
jambes ! des jambes ! » Le soir la garde était à
Montiérender, après une journée affreuse de
pluie et de boue. Le reste de l'armée suivait le
mouvement.

Le lendemain, 29 mars, cette marche pénible

continua, Tous les soldats savaient le but de ce mouvement rétrograde et précipité. Aussi, pas une plainte, pas un murmure dans leur bouche. Cependant, des soldats, des officiers mêmes, sortaient parfois des flancs des colonnes qui marchaient à travers champs et sur des chemins défoncés, jetaient leurs sacs et leurs armes pour s'étendre sur le sol boueux, abandonnant le drapeau ; mais ceux-là ce n'était pas le cœur, c'était la force physique qui faisait défaut. Oh ! qui dira jamais les souffrances, la résignation, l'intrépide patriotisme de ces conscrits, de ces gardes nationaux levés à la hâte, de ces vétérans qui, fidèles jusqu'à la dernière heure à la fortune de la France, ne désespéraient pas de son salut alors même que la défection avait déjà éclatédans le hautes classes de la nation ?

Napoléon marchait à la tête de la cavalerie de la garde, il arrivait au pont de Toulencourt, quand un courrier expédié de Paris, et accourant à bride abattue, lui apporta, avec la nouvelle de l'entrée des alliés à Meaux, des rensiegnements circonstanciés sur les menées des royalistes auxiliaires de l'étranger. Alors Napoléon redoubla de vitesse, et le soir même, avec la cavalerie de la garde, il entrait dans Troyes. Il avait fait vingt lieues dans la journée. L'armée et l'infanterie de la garde n'avaient pu le suivre si loin : celle-ci, abîmée de fatigue, s'était arrêtée à trois lieues de Troyes, et il y avait encore des divisions à dix lieues en arrière !

Mais, pour sauver Paris, il ne s'agissait que de montrer des têtes de colonne à ses barrières. Un coup de canon tiré sur les hauteurs de Ville-juif par une batterie de la garde, Napoléon dans Paris, et l'armée coalisée battait en retraite devant les aigles impériales pour la deuxième fois. La garde se remit donc en route après une courte nuit de repos. Neuf heures de marche la portèrent à Villeneuve-l'Archevêque; mais là, elle s'arrêta encore : hommes et chevaux tombaient épuisés ; il fallut attendre au lendemain pour continuer la route. Cette avant-garde de l'armée n'était donc plus qu'à trois journées de Paris; le 2 avril au plus tard, elle pouvait être rangée en bataille dans la plaine de Saint-Denis; mais ces trois jours, la fortune les accorderait-elle à la France ? doute affreux, doute terrible qui avait envahi tous les cœurs, et qui pénétra enfin jusqu'à Napoléon.

L'armée a besoin de trois jours; mais lui, dans douze heures il peut être à Paris; il peut parcourir la ville et ses faubourgs, soulever le peuple en lui criant *aux armes !* de cette voix puissante qui, depuis vingt années, retentit dans tout le monde. Sa seule présence intimidera les traîtres,

encouragera les timides, enhardira les braves.
Sous l'empire de ces pensées, Napoléon n'hésite
plus : laissant ses troupes, sûr de les retrouver
au rendez-vous d'honneur, il s'élance sur la route
qui conduit à Paris. Dans une ville française, au
centre de la France, on n'a pas trouvé une seule
voiture pour transporter l'empereur ; les équi-
pages sont en arrière.... Qu'importe à cet homme,
de fer ? il a déjà parcouru en ce jour dix lieues à
cheval ; il en parcourra ainsi trente encore, s'il
le faut. Deux ou trois escadrons à peine peuvent
lui servir d'escorte ; il s'expose à se faire enlever
par un parti de cosaques dans cette course aventureuse.... Qu'importe encore ? il a levé les yeux
au ciel, et son étoile semble y briller toujours.
Lui qui, il a huit jours, poussait son cheval sur
la fusée brûlante d'un obus, ne craint pas quelques lances cosaques.

Pressé par l'éperon qui lui déchire le flanc,
son cheval arabe vole plutôt qu'il ne marche sur
le sol fangeux ; et il est encore trop lent au gré de
la pensée impatiente qui dévore l'espace. Paris !
Paris ! dix années de sa vie, sa gloire passée, les
trésors des Tuileries, Napoléon les donnerait
pour franchir d'un bond les quelques lieues in-
terposées par la fortune infidèle entre Paris et
lui. Une espèce de rage s'est emparée des cavaliers d'escorte, à la vue de l'Empereur les ga-

gnant incessamment de vitesse, et sur le point de disparaître à leurs yeux. Les cris, les jurements, les coups d'éperon et les coups de sabre sollicitent avec fureur l'ardeur défaillante de leurs montures. Mais les malheureux animaux ne répondent bientôt plus aux nobles passions de leurs maîtres. Au bout d'une heure de cette course rapide, plusieurs tombent harassés, exténués, et ne se relèvent plus; les autres continuent à suivre de plus ou moins loin le cheval blanc qui galoppe en avant; mais peu à peu la plupart tombent à leur tour, ou bien s'arrêtent haletant. Quelques uns, sans doute, arriveront à Villeneuve-le-Guiard, ayant fourni une carrière de 12 lieues dans 3 heures à peine; mais ni cavaliers, ni chevaux ne peuvent aller plus loin. Cependant Napoléon a trouvé un cheval qui remplace le sien, et il continue à courir ventre à terre, escorté seulement de Bertrand et de sept ou huit officiers de son état-major.

Il poursuivra ainsi jusqu'à Fontainebleau où il se rencontrera enfin deux voitures et des chevaux pour le service du chef de l'Empire et de sa suite (1).

(1) Fragment emprunté au *National*, 1840.

EVENEMENTS DU 30 AU 31 MARS

1814.

—

Cependant le canon gronde, la fusillade éclate au nord de Paris. De Charenton à Clichy, une muraille de feu étreint la ville immortelle. D'instant en instant, le danger se rapproche, et bientôt la mitraille tombe en pluie serrée sur les faubourgs; bientôt les boulets et les obus bondissent dans les rues et les carrefours. Cent cinquante mille ennemis sont aux portes de Paris, et vont les renverser sur ceux qui en disputent les approches.

Vingt années plus tôt, il eût écrasé d'un seul coup l'armée qui allait l'envahir; mais maintenant affaibli, désorganisé par la dictature monarchique, il passe sous le joug : Marmont et Mortier, capitulant avec la coalition, l'ont *recommandé à la générosité des hautes puissances* !

Dans la nuit qui succéda à ce jour fatal, les 16 ou 18 mille hommes, restes de la faible armée qui vient de lutter, aidée de 6 mille gardes nationaux, contre les masses alliées, traversent Paris en frémissant, et battent en retraite sur la route d'Italie; ils doivent prendre position sur les hauteurs de Villejuif. A une heure et demie du matin, quelques centaines de blessés de la bataille avec l'avant-garde, y étaient déjà établis, et le feu brillait au loin dans la campagne.

A cette heure même, deux chaises de poste, attelées chacune de six chevaux, arrivaient brûlant le pavé devant la maison de poste de la cour de France, à six lieues de Paris ; elles roulaient encore que déjà huit ou dix personnes en étaient sorties précipitamment pour stimuler le zèle des postillons de relai, pour activer le départ. L'une d'elles cependant a jeté les yeux dans la direction de Paris, et reste un instant immobile, fixant avec anxiété des feux allumés sur les hauteurs qui bornent l'horizon : c'est Napoléon ! Il arrête brusquement au passage un valet d'écurie, et lui montrant de la main les lueurs.

« Quels sont ces feux ? lui dit-il. — C'est « le bivouac des blessés de la bataille de Paris. « — Il y a donc eu une bataille à Paris ? — Toute « la journée nous avons entendu la canonnade « de ce côté, et des voyageurs qui ont passé ici, « il y a une demi-heure, ont dit...... — Et à « quelle heure avez-vous cessé d'entendre le ca- « non — Vers six heures. — C'est bientôt, » dit à mi-voix Napoléon. Puis se tournant vers un des officiers de sa suite, qui s'était rapproché de lui, il lui donna l'ordre d'appeler immédiatement le maître de poste.

Mais, en ce moment arrivait de Paris, Belliard, un des généraux combattants de la journée, chargé de lui annoncer la capitulation des
maréchaux. A la clarté de la nuit étoilée, le général reconnut immédiatement l'Empereur, et lui
raconta le combat auquel il venait de prendre
part, les faibles ressources de la défense, l'inac-
tion des autorités civiles, les incroyables dispositions prises par les autorités militaires de la capitale, et il ajouta : « Une capitulation a été si-
« gnée, il y a cinq heures, par les ducs de Tré-
« vise et de Raguse : leurs corps d'armée, avec
« toutes les autres troupes doivent évacuer Paris
« dans la nuit, et ce matin, à sept heures, les
« alliées y entreront· — Non, général, ils n'y en-
« treront pas, s'écria Napoléon qui avait écouté
« jusques-là, sans mot dire ; et, tirant sa mon-
« tre : Il est une heure et demie ; à trois heures,
« je serai dans Paris ; le tocsin sonnera dans toutes
« les églises ; la générale battra dans les rues ; je
« me montrerai au peuple, je lui parlerai ; en
« deux heures, j'aurai levé une armée. Ah ! vous
« ne savez pas ce que vaut la population de Pa-
« ris ; vous ne vous doutez pas de ce qu'elle peut,
« quand elle veut ; et, avec moi, elle voudra.
« Des barricades dans les rues, des pavés sur
« les toits, des tirailleurs aux fenêtres, et les al-
« liés en ont pour un mois avant de parvenir

« à l'Hôtel-de-Ville. Marmont et Mortier sont
« encore, m'avez-vous dit, à la tête de quinze
« ou dix-huit mille hommes, je vais les ramener ;
« ma garde sera à Paris après-demain, et toute
« l'armée le jour d'après ; c'est plus qu'il n'en
« faut pour sauver Paris, pour sauver la France.
« Allons, Messieurs, partons — Mais, Sire, dit
« le général Belliard, « j'ai eu l'honneur de vous
« prévenir qu'il y avait une capitulation..... —
« Ça, » répliqua Napoléon avec un sourire indi-
« cible de mépris, « c'est un acte nul, sans valeur
« aucune. — Mais Paris lui-même est engagé, »
dit encore Belliard ; « les préfets Chabrol, Pas-
« quier, des maires, sont allés au quartier gé-
« néral de l'empereur Alexandre solliciter pour
« Paris, faire sa soumission. — Et croyez-vous, »
dit l'Empereur. « pouvez-vous croire, général,
« que le peuple de Paris ne soit pas indigné d'une
« pareille démarche ? C'est le faubourg Saint-
« Germain, c'est l'aristocratie, ce sont quelques
« émigrés, quelques traîtres qui l'ont provo-
« quée. Mais Paris n'est pas tout entier dans le
« faubourg Saint-Germain ; et, grâces à Dieu,
« le peuple, le vrai peuple, les braves ouvriers
« des faubourgs, les jeunes gens des Ecoles et
« des ateliers ont au cœur un dévoûment iné-
« puisable, un courage sans bornes au service
« de la patrie. Ils frémissent de colère à l'idée

« de la souillure que l'étranger va imprimer à
« la capitale ; ils feront tout pour lui épargner
« ce déshonneur, pour empêcher la ruine de la
« patrie. Ils ne s'abaisseront jamais, eux, à solli-
« citer la générosité des ennemis de la France ;
« ils n'en veulent pas, ils n'en ont pas besoin.
« Ce qui manque à leur courage, c'est un chef
« en qui ils aient confiance, un chef résolu à
« combattre à leur tête, à mourir, s'il le faut,
« avec eux... Qu'ils apprennent que je suis dans
« Paris ; qu'ils entendent le tocsin, et vous ver-
« rez comment ils acceptent cette capitulation,
« la pitié protectrice des souverains alliés. »

En parlant ainsi, Napoléon s'était animé par
degré ; sa pâle figure avait pris une vive teinte ;
sa voix s'était élevée ; du geste, il montrait Paris ; et ce n'était pas de la colère qui brillait dans
ses regards ; c'était du courage, c'était une confiance sans bornes dans le dévoûment populaire.

Prenant le bras de Belliard, il hâte le pas
pour rejoindre les voitures qui sont restées
attelées devant la maison de poste : « Sire, lui
« dit de nouveau ce général, chemin faisant,
« je puis certifier à Votre Majesté qu'à l'heure
« qu'il est, il ne doit plus y avoir de troupes
« dans la capitale, que plus de cent trente mille
« étrangers l'entourent, que Votre Majesté
« s'expose à se faire prendre.... »

A ces mots, l'Empereur s'arrête, et pressant avec force le bras de Belliard :

« Moi!..... prisonnier d'un Russe ou d'un « Prussien! Moi! s'écria-t-il d'un ton de « dédain, jamais! entendez-vous, Belliard! » Puis il ajouta avec douceur : « Vous ne songez « pas à ce que vous dites. Je sais le moyen « d'échapper à une telle infamie, croyez-le « bien... Vous allez venir avec moi, n'est-ce « pas? — Sire, je ne le puis; je suis sorti de « Paris avec mes troupes; il y a une convention « signée; je n'y puis rentrer ni moi, ni mes « troupes. » Après de nouvelles instances de Napoléon pour marcher en avant, et de nouvelles représentations de Belliard, auquel s'étaient joints Berthier et Caulincourt, pour le dissuader de son projet, l'Empereur dit d'un ton de résolution et de mépris tout à la fois : « Allons! je vois bien que tout le monde a « perdu la tête. Joseph est.... un *imbécile*, et « Clarck un traître, car je commence à croire « ce que me disait Savary, l'année dernière, « à pareille époque en me parlant de M. le « ministre de la guerre. » En ce moment, l'avant-garde de la colonne d'infanterie du maréchal Mortier parut sur la route. Le prince de Neufchâtel, voyant que l'Empereur ne prenait aucun parti, et que le temps s'écoulait, car le jour commençait à poindre, le pressa d'envoyer à Paris M. de Caulincourt pour traiter avec les coalisées. « Sire, lui dit-il, rien n'est désespéré. « Il n'y a encore de signé qu'une convention ; « M. le duc de Vicence.... » Ici le major général fut interrompu par le duc de Vicence lui-même, qui se hâta de s'adresser à l'Empereur en lui disant :

« Sire, je pense que l'envoi de M. le prince « de Neufchâtel serait préférable; lié comme « il l'est avec M. de Schwarzemberg, il sera « plus à même de servir Votre Majesté auprès « des souverains alliés. » Napoléon resta quelque temps sans répondre; puis enfin, paraissant faire un effort sur lui-même, il dit à M. de Caulincourt : « Monsieur le duc, Berthier a raison. « Partez à l'instant; voyez l'empereur Alexandre; « peut-être m'est-il encore possible d'inter- « venir. Je vous donne carte blanche. Allez, « Caulincourt, et songez cette fois que l'hon- « neur et la dignité de la France sont en vos « mains. » Napoléon remonta dans sa voiture, et tous ceux qui l'avaient rejoint prirent la route de Fontainebleau. A six heures du matin, l'Empereur entrait dans la cour du Cheval-Blanc. Il ne voulut pas qu'on lui ouvrît les grands appartements du château, et campa plutôt qu'il ne logea dans un petit appartement qu'il affectionnait particulièment. Comme l'huissier qui l'avait précédé éprouvait quelque difficulté à ouvrir la porte du cabinet : « Dépêchez-vous « donc, monsieur! » dit-il avec un geste d'humeur et en frappant du pied. Puis, appuyant ses deux poings fermés sur son front, il ajouta plus bas, et d'une voix concentrée : « Après « tant de sang répandu, après tant de grandes « actions, tant de triomphes, de travaux et de « persévérance, voilà donc où viennent aboutir « les choses humaines ! » Il entra dans son cabinet, et y demeura seul.

Le lendemain de la capitulation de Paris, Marmont, après avoir accompagné ses troupes jusqu'à Essonne, sur l'ordre de l'Empereur se rendit le soir même à Fontainebleau. Il soupa avec lui. Napoléon lui donna les plus grands éloges sur sa belle défense de Paris. Après souper, le maréchal rejoignit son corps d'armée à Essonne, et six heures après, l'Empereur y arriva pour visiter les lignes.

Le maréchal, en quittant Paris, y avait laissé les colonels Fabvier et Denys pour veiller à l'exécution de la capitulation, en rendant la ville aux alliés. Ces officiers rejoignirent l'Empereur et le maréchal au moment où ceux-ci remontaient les rives de la rivière d'Essonne. Ils ne dissimulèrent point l'effet qu'avait produit la

veille, dans Paris. l'entrée d'Alexandre et de
Frédéric-Guillaume, roi de Prusse, ainsi que
du généralissime autrichien Schwartzemberg,
étonnés d'abord du profond silence qui régnait
sur leur passage.

L'armée alliée portait un brasselet blanc comme
signal de se rallier à la famille royale. Quelques
femmes hardies attachèrent des cocardes blanches
au chapeau des hommes sur le boulevard des
Italiens; quelques fenêtres furent pavoisées avec
des mouchoirs blancs, et l'on entendit des cris
de *vivent les Bourbons!* Le soir, dans le conseil
souverain, on décida que l'existence de Napoléon en France était incompatible avec le repos
de l'Europe, et qu'on devait rétablir l'ancienne
dynastie. Le Sénat, convoqué et gagné par le
prince de Talleyrand, déclara Napoléon déchu
du trône, le droit d'hérédité aboli dans sa
famille, et le peuple, ainsi que l'armée, déliés
envers lui du serment de fidélité.

L'Empereur laissa le maréchal à Essonne, re-
partit immédiatement pour Fontainebleau, et
alla au point du jour visiter les avant-postes. A
son aspect, les troupes frémissaient de joie et
semblaient chercher, par la vivacité de leurs acclamations, à dissiper les nuages dont son front
paraissait obscurci. Emu de cet accueil :
« Officiers, sous-officiers et soldats, leur dit-il,

« l'ennemi nous a dérobé trois marches, et il est
« arrivé à Paris avant nous. Quelques factieux,
« restes d'émigrés à qui j'avais pardonné, ont
« entouré l'empereur de Russie ; ils ont arboré
« la cocarde blanche, et ils veulent nous forcer
« à la prendre. Depuis la révolution, la France
« a été maîtresse chez elle, souvent chez les autres
« mais toujours chez elle. J'ai offert la paix, j'ai
« proposé de laisser la France dans ses anciennes
« limites, en perdant tout ce qu'elle a acquis. On
« a tout refusé. Dans peu de jours j'attaquerai
« l'ennemi, je le forcerai de quitter notre capi-
« tale. J'ai compté sur vous ; ai-je eu raison?
« (Oui! oui! s'écrièrent les braves, comptez sur
« nous! Vive l'empereur!) Notre cocarde est
« tricolore; plutôt que d'y renoncer, nous péri-
« rons sur notre sol (1). »

Cette voix connue de la victoire, qu'ils ont
entendue sur les bords du Tibre, du Nil et du
Danube, n'a rien perdu de son empire sur l'âme
des soldats ; des pleurs roulent dans leurs yeux;
ils agitent leurs armes ; ils appellent les combats:
ils brûlent d'arracher la capitale au joug de l'é-
tranger ; et leur cœur bondit d'enthousiasme et
d'impatience. Il n'en est pas de même parmi les
généraux : presque tous demeurèrent froids et
silencieux dans la nuit du 3 au 4 avril, on reçut

(1) M. Vatou, *Constitutionnel*, 1840.

à Fontainebleau, par un exprès du duc de Raguse, le sénatus-consulte qui prononçait la dé-
chéance de l'Empereur! et en même temps le
maréchal Macdonald arriva de Troyes. «Duc de
Tarente, lui dit l'Empereur, quelles nouvelles?
— De bien tristes, Sire : Paris est aux mains de
l'étranger, et on dit que votre majesté veut marcher sur la capitale. — Eh bien? — On craint
que la seule tentative d'une bataille ne la livre
à toutes les horreurs d'une ville d'assaut; l'armée paraît découragée, et les populations de-
mandent la paix. Le visage de Napoléon se rem-
brunit, et ses yeux se promenèrent avec sollicitude
sur ses anciens compagnons d'armes : « Eh bien !
Messieurs, reprend-il, vous ne voulez donc plus
vous battre? — Il est trop tard, Sire, répond un
maréchal ! — Et que pourriez-vous faire, Sire?
dit un autre maréchal ; brûler Paris ! mais cette
ville renferme nos femmes, nos enfants! Enfin un
troisième, après avoir fait une peinture énergique
des maux que la guerre civile entraînerait pour
la patrie, ose parler, d'abdication! Une seule
voix s'élève pour protester contre ce mot. Napoléon réplique avec émotion et dignité : « Vous
« croyez que c'est le vœu de la France? — Oui,
« Sire ! — Que c'est le vœu de l'armée ? —
« Oui, Sire ! Ah ! du moins si j'abdiquais, vous
« seriez d'avis de faire passer la couronne sur la

« tête du roi de Rome? Mon fils et la régente pour-
« raient faire encore le bonheur de la France. —
« Oui, oui! s'écrièrent les maréchaux; cette pro-
« position, soutenue par l'armée, dissipera sans
« peine les intrigues commencées en faveur des
« Bourbons : la France ne les connaît plus, mais
« elle connaît le fils de l'Empereur, elle l'aime,
« elle l'adoptera, et l'Autriche le verra couronner
« avec plaisir. Sire, il faut se hâter, les alliés n'ont
« encore rien arrêté; il n'y a pas un instant à per-
« dre. — Qui chargerai-je de cette négociation?
« Le duc de Vicence, le prince de la Moskowa, le
« duc de Raguse... Oui, ces Messieurs vont partir
« pour Paris; je vais leur faire donner leurs pou-
« voirs... Et cependant, » ajoute-t-il en se jetant
sur un canapé, et comme ressaisissant l'adhésion
qui vient de lui échapper, je suis sûr que nous les
battrions! Ce dernier cri du héros, qui eût, dans
tout autre temps, électrisé ses lieutenans, expire
inécouté. Se relevant alors avec majesté, Napoléon fait comprendre par son geste qu'il veut
rester seul ; les maréchaux se retirent.

Cependant l'Empereur a réfléchi que le duc
de Raguse, qui commandait en chef le quartier-
général d'Essonne, serait plus utile à son poste
qu'à Paris : c'est le maréchal Macdonald qui le
remplacera comme plénipotentiare. Les trois
commissaires partent pour Paris enfin de négo-

cier un traité de paix avec ordre de le communi-
quer à l'empereur avant de le signer. Ils sont
porteurs de la notifications.

« Les puissances alliées ayant proclamé que
l'empereur Napoléon était le seul obstacle au rétablissement de la paix en Europe, l'empereur
Nopoléon, fidèle à son serment, déclare qu'il
est prêt à descendre du trône, à quitter la France
et même la vie, pour le bien de sa patrie, insé-
parable des droits de son fils, de ceux de la régence de l'impératrice, et du maintien des lois de
l'empire.

« Fait en notre palais de Fontainebleau, le 4
avril 1814.

                         « Napoléon. »

Les plénipotentiaires trouvent à Essonne le
duc de Raguse, qui leur apprend qu'en vertu
d'ordres émanés de la Régence, il a eu des pour-
parlers avec le prince de Schwartzemberg; mais
que pour ne pas entraver le succès de leur mission, pour la seconder même, il va les suivre à
Paris. Parvenus aux avant-postes, les commissaires y sont reçus affectueusement par le prince de
Schwartzemberg, avec lequel ils s'entretien-
nent de leur mission, dans l'espoir que le généralissime autrichien se montrera favorable à la
fille de son souverain. Mais, à leur grand étonne-
nement, le prince paraît opposé à leurs pres-

sentiments. Au milieu de cet entretien, un officier vient demander le prince ; il sort, et quelques instants après, revient suivi du duc de Raguse, qui s'était tenu à l'écart à son arrivée aux avant-postes. Il explique à ses collègues qu'il avait été bien aise de parler au prince de Schwartzemberg, afin de suspendre les préliminaires de ses négociations, et qu'il allait retourner à Essonne. Les commissaires se remettent en route, et, arrivés à Paris, se rendent chez l'empereur Alexandre. Après avoir traversé un salon où le gouvernement provisoire était réuni, entouré de plusieurs des généraux de l'Empire, qui s'étaient déjà brusquement tournés vers le soleil du Nord, ils entrent dans le cabinet des souverains. Alexandre, l'air soucieux, causait avec le roi de Prusse dans l'embrasure d'une croisée. A la gauche de Guillaume, un peu en arrière, se tenait le général Beurnonville. La discussion paraissait animée, et le roi de Prusse, dans sa réplique, semblait toujours interpeler son *acolyte*, qui, par un salut obséquieux, oppose sans doute ses idées à à celles d'Alexandre. On a su depuis que ce général, en portant au roi de Prusse l'importante nouvelle de la défection de Marmont, l'avait décidé à rejeter avec fermeté la régence qui allai être proposée au conseil par les plénipotentiaires de Napoléon.

L'arrivée des plénipotentaires fit cesser les conversations particulières. L'empereur de Russie et le roi de Prusse s'assirent devant une grande table, et chacun se plaça. Le duc de Vicence remit à l'empereur Alexandre l'acte d'abdication de l'empereur Napoléon, en faveur de son fils, le roi de Rome, et de l'impératrice Marie-Louise, régente.

Le roi Guillaume prit froidement l'initiative, et répondit, en termes mesurés, que des événements subséquents ne permettaient plus aux puissances de traiter avec l'empereur Napoléon. Les vœux de la France pour le retour de ses anciens souverains se manifestaient, dit-il, de toutes parts; le premier corps de l'état, le sénat, appuyé de l'assentiment de ses concitoyens, ayant déclaré Napoléon déchu du trône, il n'appartenait pas aux souverains alliés de s'immiscer dans les affaires du gouvernement français, et, contrairement à la déclaration du sénat, de reconnaître à l'empereur Napoléon déchu du trône, le droit de disposer de la couronne de France.

Le maréchal Macdonald exposa avec force les hautes considérations politiques qui devaient décider les puissances alliées à accepter l'acte d'abdication en faveur de l'Impératrice et de son fils. « L'armée, dit-il, toute dévouée à son chef, « est encore debout, et prête à verser jusqu'à la

« dernière goutte de son sang pour soutenir les
« droits de son souverain. »

Un sourire imperceptiblement dédaigneux
accueillit cette déclaration, des chuchottements
se firent entendre dans une certaine partie du
salon; au même instant on annonça : « M. le maréchal duc de Raguse. » Il entra la tête haute,
le sourire sur les lèvres ; des poignées de mains,
des félicitations sont échangées entre lui et quelques personnages qui se portent à sa rencontre.
Il se manifesta comme un sentiment de stupeur
dans la majorité de l'assemblée. Mais l'intérêt
personnel devait l'emporter sur les émotions
généreuses.

L'arrivée de Marmont avait tellement simpli-
fié la discussion qu'elle ne fut pas reprise. Les
considérations que les commissaires avaient essayé
de faire prévaloir n'avaient plus de valeur, et les
explications de part et d'autre devenaient oiseu-
ses.

« Messieurs, dit Alexandre aux commissaires,
d'un ton décidé, les alliés déclarent ne vouloir
traiter ni avec Napoléon, ni avec aucun membre de sa famille ; mais ils feront tout pour sa
personne.... Qu'a-t-il demandé, que désire-t-il?
— Rien, Sire, répondirent les commissaires :
l'empereur Napoléon a défendu qu'on stipulât
rien pour sa personne. — Je l'en estime davan-

tage, » reprend l'empereur ; et après avoir lu les instructions que le duc de Vicence met sous ses yeux, et qui contenaient entr'autres cette manifestation de la volonté de Napoléon, il ne peut revenir de cette abnégation magnanime. « Non, non, dit-il, nous voulons qu'il soit indé « pendant, qu'il ait une souveraineté à lui : l'île « d'Elbe ou autre chose ! Si cela ne lui convient « pas, qu'il vienne en Russie, je l'y traiterai en « souverain. »

Le maréchal Macdonald fait observer avec dignité à l'Empereur que leur mission est finie ; ils n'avaient pouvoir de traiter que pour la régence ; ils vont reporter à l'empereur Napoléon la réponse des alliés. Le duc de Vicence demande à Alexandre un mot de sa main pour Napoléon. Après quelque hésitation, ce prince fait écrire quelques lignes où se retrouvent ces deux mots : *L'île d'Elbe, ou autre chose* ; et les commissaires prennent congé de l'empereur, après avoir obtenu une suspension d'armes de quarante-huit heures.

Ils étaient réunis chez le maréchal Ney, lorsqu'ils furent rejoints par le duc de Raguse. Tout-à-coup, un officier vient lui annoncer que son corps d'armée tout entier a abandonné Essonne ! Marmont disparaît, et les commissaires stupéfaits, se regardent sans proférer une parole.

L'âme inquiète et abattue, tous trois regagnent tristement Fontainebleau.

Napoléon croyait à la générosité de l'empereur Alexandre ; il se confiait surtout dans le dévoûment de l'armée qui était réunie à Essonne. Il était loin de s'attendre au coup qui le menaçait. La vieille garde venait d'arriver, à marches forcées, dans les environs de Fontainebleau. Le général Friant avait dit au général Petit, commandant des grenadiers à pied, de se tenir prêt à repartir à deux heures du matin. Son sommeil se prolongea jusqu'à cinq heures : « Ah ! mon « Dieu ! s'écria-t-il, je suis en retard ! Comment « ne m'a-t-on pas réveillé. — Le général Friant « l'a défendu, lui répond un de ses aides-de-« camp ; on ne marche plus sur Ponthierry : le « corps d'armée du duc de Raguse a quitté Es-« sonne ; ses troupes, mises en mouvement par « des ordres inconnus, traversent en ce moment « les cantonnements des Russes, et Fontaine-« bleau reste à découvert. »

Cette nouvelle fut un coup de foudre pour le brave général Petit. Il la transmit sur le champ à Fontainebleau. L'Empereur n'y voulait pas croire ; mais enfin, trop convaincu, il s'écria : « L'ingrat ! il sera plus malheureux que moi. »

Les commissaires, revenus à Fontainebleau, exposèrent franchement la situation des choses, leur voyage à Paris, le peu de succès de leur mission, enfin la désertion du corps d'armée d'Essonne. Aussitôt une discussion très-animée donna cours à toutes les opinions qui partageaient les esprits diversement passionnés ; quelques-uns, qui frémissaient au seul nom d'étrangers, voulaient encore tenter la fortune des armes ; mais la majorité, effrayée de l'état déplorable où le départ du duc de Raguse laissait Fontaine-bleau, l'Empereur et les débris de l'armée, fut unanime pour reconnaître que ce noble désespoir ne pourrait qu'entraîner la ruine de Paris, et peut-être le partage de la France ; enfin on déclara qu'au nom même de sa gloire, l'Empereur devait se sacrifier pour sauver la patrie.

C'est sous ces impressions que les commissaires se rendirent auprès de Napoléon, qui les attendait dans son cabinet. Il se lève, et, marchant à grand pas : « Me croient-ils donc vaincu, « parce qu'un de mes lieutenants m'abandonne ? « Me croient-ils sans ressources ? Ne puis-je réunir les cinquante mille hommes de Soult, « les quinze mille de Suchet, les vingt mille « du prince Eugène, les quinze mille d'Auge-« reau ? Ne puis-je pas me retirer sur la Loire ? « J'ai encore là l'épée d'Austerlitz, et je leur « vendrai cher mon sang et ma vie. » Ce réveil du lion remue au fond du cœur des maréchaux les

souvenirs de Wagram et de la Moskowa, mais
sans éblouir leur raison. « La guerre, toujours la
« guerre, Sire ! mais il vous faudrait des soldats,
« et vous n'avez plus d'armée. Vous abaisserez-
« vous à n'être qu'un chef de partisans ? La fa-
« tigue, les intérêts personnels, l'amour de la
« famille, le besoin du repos, tout se réunit
« contre vous, et la France veut la paix. — Eh
« bien ! reprend l'Empereur, puisqu'il faut re-
« noncer à défendre la France, l'Italie ne m'offre-
« t-elle pas une retraite digne de moi ? Marchons
« vers les Alpes. On s'y souvient peut-être en-
« core d'Arcole et de Marengo. Veut-on m'y
« suivre ?... Vous gardez le silence, vous voulez
« du repos, ayez en donc ! Hélas ! vous ne savez
« pas combien de chagrins vous attendent sur vos
« lits de duvet : quelques années de cette paix
« que vous allez payer si cher, en moissonneront
« un plus grand nombre d'entre vous que n'au-
« rait fait la guerre. »

Et après ces paroles prophétiques, il tire à lui
un guéridon, et trace de sa main la seconde for-
mule de son abdication.

« Les puissances alliées ayant proclamé que
l'Empereur Napoléon était le seul obstacle au
rétablissement de la paix en Europe, l'Empereur, fidèle à son serment, déclare qu'il renonce,
pour lui et ses successeurs, au trône de France et

d'Italie et qu'il n'est aucun sacrifice personnel, même celui de la vie, qu'il ne soit prêt à faire ıux intérêts de la France.

« Napoléon, Empereur des Français. »

Une dernière tentative fut encore faite par Napoléon auprès des souverains alliés pour obtenir le maintien des droits de sa femme et de son fils ; mais elle fut définitivement repoussée. A cette nouvelle, l'Empereur ne prononça pas un mot, et congédiant tout le monde, il se retira de bonne heure et se coucha. A minuit, il sonna ; il venait de délayer dans un verre d'eau, et de boire une poudre contenue dans le petit sachet qu'il portait suspendu à son cou au bout d'un ruban noir, depuis la campagne d'Espagne.

« Je vais mourir ! dit-il à ceux qui s'empres-
« sèrent d'arriver. On a traîné mes aigles dans
« la boue....; Marmont m'a porté le dernier
« coup !... L'abandon de Berthier m'a navré !...
« Mes vieux amis..., mes compagnons d'armes...»
Quelques mouvements convulsifs agitèrent sa figure, et un léger vomissement suivit cette crise. On le supplia de prendre une potion calmante ; il repoussa tout les efforts. Mais le docteur Yvan, devinant que l'Empereur avait voulu s'empoisonner, et que le poison, conservé depuis longtemps, avait perdu de son efficacité, obtint à la fin, que l'Empereur but une tasse de thé, après

laquelle il s'assoupit, et à son réveil, le danger
était passé. Alors il se leva, son teint était livide,
ses yeux enfoncés. « La mort ne veut pas de moi! »
dit il ; et son ame reprit bientôt toute son énergie.

Par un traité signé à Paris et à Fontainebleau,
l'Empereur, l'Impératrice et tous les membres
de la famille impériale devaient conserver leurs
titres et leurs qualités. L'île d'Elbe était accordée en toute souveraineté à Napoléon, avec
2,000,000 de revenu. On donnait à l'impératrice les duchés de Parme, Plaisance et Guastal-
la; ces duchés devaient passer à son fils. 2,500,000
fr. étaient accordés aux membres de la famille
impériale ; on assignait 1,000,000 au traitement
de l'impératrice Joséphine ; et un établissement
était assuré au prince Eugène. L'Empereur Napoléon pouvait emmener avec lui et conserver
pour sa garde quatre cents hommes.....

L'empereur d'Autriche enleva à Napoléon sa
femme et son fils. On ne sait rien sur la résistance que Marie-Louise peut avoir opposée à son
père pour remplir ses devoirs d'épouse et de mère.
Quant à Joséphine, elle mourut à la suite d'une
courte maladie, un mois à peine après l'abdication de Napoléon.

Le 16 avril, les commissaires chargés d'accompagner l'Empereur jusqu'au lieu de son embarquement pour l'île d'Eble, arrivèrent. Napo-

léon embrassa ses amis ; il descendit les degrés
du palais, et se trouva au milieu de sa garde. Elle
était rangée dans la cour du palais : ces vieux
soldats, flétris et cicatrisés par tant d'illustres
travaux, tenaient leurs regards baissés. Napoléon,
à leur vue, se rappelle toutes ses victoires, et
leur laisse voir son visage couvert de larmes. Ils
pleuraient aussi. Alors Napoléon leur dit :

« Je vous fais mes adieux. Depuis vingt ans
« que nous sommes ensemble, je suis content
« de vous ; je vous ai toujours trouvés au che-
« min de la gloire. Toutes les puissances de
« l'Europe se sont armées contre moi ; quelques-
« uns de mes généraux ont trahi leurs devoirs
« et la France : elle-même a voulu d'autre des-
« tinées. Avec vous et les braves qui me sont
« restés fidèles j'aurais pu entretenir la guerre
« civile ; mais la France eût été malheureuse.
« Soyez fidèles à votre nouveau roi ; soyez sou-
« mis à vos nouveaux chefs, et n'abandonnez
« point notre chère patrie. Ne plaignez point
« mon sort : je serai heureux lorsque je saurai
« que vous l'êtes vous-mêmes. J'aurais pu mou-
« rir ; si j'ai consenti à vivre, c'est pour servir
« encore à votre gloire : j'écrirai les grandes
« choses que nous avons faites. Je ne puis vous
« embrasser tous, mais j'embrasse votre général:
« Venez, général Petit, que je vous presse sur

« mon cœur ! Qu'on m'apporte l'aigle, que je
« l'embrasse aussi ! Ah ! chère aigle, puisse le
« baiser que je te donne retentir dans la postérité ! Adieu, mes enfants ! mes vœux vous accom
« pagneront toujours ; gardez mon souvenir. »

NAPOLÉON A L'ILE D'ELBE

Retour en France.

1815.

—

Le 5 mai, à 6 heures du soir, Napoléon entra à Porto-Ferrajo, où il fut reçu par le général Duhesme, commandant français. Napoléon, pendant son séjour à l'île d'Elbe, fit exécuter de grands travaux pour son embellissement et sa prospérité; mais ses pensées étaient toujours dirigées vers la France. — Dès son départ de Fontainebleau, il avait pressenti la possibilité de son retour en France, et le traité qu'il avait passé avec les puissances n'ayant reçu aucune exécution, tandis que, d'un autre côté, il avait été décidé, au congès de Vienne, sur les instances des plénipotentiaires français, qu'on le transporterait à Sainte-Hélène, il s'embarqua, le 26 février 1815, avec sa garde, qui pouvait former 800 hommes. Les officiers et les soldats brûlaient d'impatience de connaître le but de l'expédition. — Au bout d'une heure de marche, ils surent qu'ils allaient en France, et firent retentir les airs des cris de vive la France! vive Napoléon! Le 4 mars, la flottille débarqua dans le golfe Juan.

Le débarquement se fit sans obstacle, le peuple des campagnes se précipitait au-devant de l'Empereur, et l'accompagnait de ses acclamations tandis que les soldats, malgré leur extrême amour pour lui, retenus par le serment militaire, hésitaient à le reconnaître. Les premiers régiments qu'il rencontra contraignaient par les efforts les plus pénibles leurs sentiments, et malgré les incitations du peuple qui les suivait, ils veulent s'opposer à son passage. Il va droit à eux, seul, tête nue, sans armes : « Le « premier soldat, s'écrie-t-il, qui voudra tuer son Empereur, le peut. » A cette voix, pénétrante comme celle du génie, à ces regards plus puissants que l'étincelle électrique, les soldats n'y peuvent plus tenir, et se laissent entraîner au mouvement populaire; sa marche ne fut plus qu'un long triomphe dont furent témoins le comte d'Artois et le duc d'Orléans, envoyés contre lui et contre le drapeau national;

Que de malheurs ce dévouement de 1815 aurait évité à la France s'il eût eu lieu en 1814! L'empereur, de retour en France, le 1er mars, arriva à Paris le 20 au soir, et prit aussitôt possession du château des Tuilleries, que la nuit antérieure,

Louis XVIII avait abandonné pour se retirer à Gand.

Napoléon avait été précédé, dans sa marche, de deux proclamations au peuple et à l'armée, qui, par l'influence qu'elles exercèrent, avaient frayé sa route jusqu'à la capitale.

Dans la première, après un tableau rapide de ses dernières victoires, il déclarait qu'à cette époque l'élite de l'armée ennemie allait être perdue sans ressource, quand la double trahison de Marmont et d'Augereau avait changé le destin de la guerre. Il poursuivait : « Français, élevé « au trône par votre choix, tout ce qui a été fait « sans vous est illégitime... Un prince qui ré- « gnerait sur vous par la force des mêmes ar- « mées qui ont ravagé notre territoire, cherche- « cherait en vain à s'étayer des principes du droit « féodal, il ne pourrait assurer l'honneur et les « droits que d'un petit nombre d'individus, « ennemis du peuple... Français, il n'est aucune « nation qui n'ait eut le droit de se soustraire au « déshonneur d'obéir à un prince imposé par « un ennemi victorieux un moment. Lorsque « Charles VII entra dans Paris et renversa le « trône éphémère de Henri VI, il reconnut « qu'il tenait son trône de la bienveillance de ses « sujets, et non pas d'un prince régent d'An- « gleterre.

Son langage à l'armée était encore plus véhément : Soldats, nous n'avons pas été vaincus. « Deux hommes sortis de nos rangs ont trahi « nos lauriers, leur pays, leur prince, leur bien-« faiteur. Arrachez cette couleur que la nation « a proscrite, et qui, pendant vingt-cinq ans, « servit de ralliement à tous les ennemis de la « France ; arborez cette cocarde tricolore, vous « la portiez dans nos grandes journées ; repre-« nez vos aigles... Pensez-vous que cette poignée « de Français, aujourd'hui si arrogants, puisse « en soutenir la vue? Ils retourneront d'où ils « viennent; et là, s'ils le veulent, ils régneront « comme ils prétendent avoir régné depuis dix-« neuf ans !

« Soldats, venez vous ranger sous les dra-« peaux de votre chef. Ses droits ne sont que « ceux du peuple et les vôtres. La victoire mar-« chera au pas de charge. L'aigle, avec les cou-« leurs nationales, volera de clocher en clocher « jusque sur les tours de Notre-Dame ! Honneur « aux braves soldats de la patrie! honte éternelle « aux Français criminels qui combattirent vingt-« cinq ans avec l'étranger, pour déchirer le sein « de la patrie!

LES CENT JOURS — WATERLOO.
2ᵐᵉ abdication.

1815.

—

A son retour, Napoléon avait trouvé l'armée française réduite à 80,000 hommes , tandis que les alliés en comptaient encore plus de 800,000 sous le armes. Il en eût fallu autant à la France pour combattre l'Europe. Au 1ᵉʳ juin, l'effectif de nos forces avait été porté à 400,000 hommes : avec deux mois de plus , en septembre, il se fût élevé à 700,000 ; mais la Vendée , la garde des ports et des frontières , les garnisons des places fortes ne laissaient pas sur la frontière du nord plus de 120,000 hommes disponibles.

Cependant les armées autrichiennes et russes pétaient éloignées. Près de nos frontières du nord ans des cantonnements séparés, se trouvaient , celles de Prusse , de l'Angleterre , et les contingents du roi de Hollande et de divers princes. Notre armée était donc à peu près égale à chacune des deux armées anglaise et prussienne ; si l'Empereur leur laissait le temps de se réunii nous combattions un contre deux ; si , au contraire, par la vivacité de ses mouvements, il les attaquait avant, la disproportion devenait moins grande. Les cantonnements de ces deux armées étant assez rapprochés pour qu'elles pussent promptement se secourir, se rejoindre, nous ne pouvions pas, avec toute notre armée, tomber sur l'une des deux ; il fallait opposer à l'autre un corps assez fort pour retarder sa marche, afin qu'elle ne pût point venir au secours de celle que nous attaquerions, et, par là, au lieu de n'être qu'un contre deux, nous étions deux contre trois. Le plan de campagne de l'Empereur fut basé sur cette situation, et communiqué à ses généraux.

Si les armées anglaises et prussiennes avaient opéré leurs retraite pour aller à la rencontre des deux armées autrichiennes et russes, qui arrivaient à marches forcées, l'avantage que nous aurions trouvé dans l'occupation de la Belgique n'eût point compensé l'immense inconvénient d'avoir à combattre ces quatre armées réunies ; l'Empereur devait donc employer tous les moyens pour engager les Prussiens et les Anglais à combattre et non point à se retirer. Il était présumable, d'après le caractère connu de Blücher, qu'il ne reculerait pas devant une attaque, tandis que la circonspection habituelle de Wellington faisait craindre qu'à l'approche des Français, il

ne se repliât peu à peu pour donner à Blücher
le temps de le joindre, et qu'alors, il ne fallut
combattre un contre deux, ou un contre six, si
les deux généraux se retiraient jusqu'à l'arrivée
des Autrichiens, des Russes, etc. Attaquer Blücher et contenir Wellington, devait donc être
le but de l'empereur (1).

Le 15 juin, l'armée française franchit la frontière, passa la Sambre, et prit Charleroi, tandis
que les armées ennemies, ignorant ce mouvement restaient avec sécurité dans leurs cantonnements. L'intention de l'Empereur était
d'attaquer le centre de leur ligne, et de la couper. La veille, le général Bourmont, commandant la troisième division du quatrième corps,
déserta avec le général Clouet et le chef d'escadron Viloutey.

L'Empereur trouva le 16 près de Fleurus,
l'armée de Blücher forte de 100,000 hommes,
en bataille, faisant face à la Sambre, et rangea
son armée devant les Prussiens, afin de les occuper de front, tandis qu'il envoyait l'ordre à
Ney d'occuper par un détachement seulement,
la position des Quatre-Bras, où, de toute nécessité, Wellington devait réunir ses divisions,
et de rabattre en toute hâte sur Bry, pour venir prendre l'ennemi à dos. Ney ne prévint point

(1) T. Fadeville.

la concentration, aux Quatre-Bras, de l'armée anglaise; seulement, il l'empêcha de venir au secours des Prussiens, que l'Empereur se décida enfin à attaquer, après avoir inutilement attendu jusqu'à quatre heures après midi que le canon donnât le signal de l'exécution de ses ordres à Ney. Les Prussiens se battirent avec résolution. Après deux heures de combat, une dernière et vigoureuse charge eut lieu; le village de Ligny, qui couvrait le centre de l'armée ennemie, fut pris et ce centre enfoncé. L'obscurité de la nuit favorisa la retraite des Prussiens, qui perdirent néanmoins 20,000 hommes et 40 pièces de canon. Le lendemain Blücher n'avait pas encore rallié 30,000 hommes. Par diverses causes fortuites, la victoire ne fut point aussi décisive qu'elle pouvait l'être; mais cependant l'armée ennemie éprouva, outre des pertes beaucoup plus grandes que les nôtres, cette dispersion et cet affaiblissement moral, qui toujours sont le partage d'une armée chassée par la force du champ de bataille qu'elle a choisi. La confiance de nos soldats en était nécessairement augmentée.

Le maréchal Blücher, renversé de son cheval, fut quelques instants au pouvoir de nos cuirassiers. Ce succès n'était malheureusement que le prélude d'un grave revers.

Le lendemain matin, Napoléon mit sous les

ordres du maréchal Grouchy deux corps d'armée, et lui donna l'ordre de poursuivre vivement les Prussiens, de culbuter leur arrière-garde, et de les presser au point de ne pas les perdre de vue, tandis que, se rabattant sur la gauche, il alla rejoindre Ney pour attaquer l'armée anglaise forte de 120,000 hommes, qui avait pris position en avant de la forêt de Soignies, et paraissait décidée à accepter la bataille. L'Empereur envoya aussitôt à Grouchy des ordres, afin que si ce maréchal ne prenait pas une part active à la bataille en tombant sur la gauche de l'armée anglaise, il préservât du moins le flanc droit de l'armée française. La pluie, avait tellement détrempé la terre, qu'il fallut attendre, pendant quelques heures, que le soleil eût rendu au sol quelque consistance. L'ennemi occupait (en avant du village de Mont-Saint-Jean), une colline en pente douce, favorable à l'artillerie, et d'où Wellington pouvait apercevoir tous nos mouvements. Vers dix heures et demie, l'Empereur ordonna l'attaque. Le combat s'engagea vers onze heures par une attaque de la gauche française contre la droite ennemie, attaque ordonnée afin de tromper le général anglais. Et, en effet, Wellington renforça aussitôt sa droite de ses meilleures troupes. Notre cavalerie exécuta plusieurs charges brillantes sur

la ligne anglaise, et perça jusqu'aux réserves de
Wellington. A la vue de ces charges brillantes,
des cris de victoires s'élèvent autour de l'Empereur. Cependant, peu satisfait de cette occupation prématurée du plateau : «C'est trop tôt d'une
« heure, dit-il, mais il faut soutenir ce qui est
« commencé. » La vigueur de la défense répon-
dait à celle de l'attaque. Malgré la supériorité
de l'artillerie ennemie qui, favorisée par son
immobilité, pouvait continuer à tirer, nos colonnes faisaient de sensibles progrès. Tout à
coup on annonça à l'Empereur que des troupes en
marche se montraient du côté de Saint-Lambert.
Il crut d'abord que c'était le corps de Grouchy
attiré par le bruit du canon, et venant prendre
part au combat. Mais bientôt des prisonniers lui
firent connaître que la colonne, qui débouchait
du défilé, était le corps de Bulow qui, ayant
opéré sa jonction avec Blücher, formait l'avant-
garde de l'armée prussienne. L'Empereur eut
peine à le croire; mais il fallut se rendre à l'é-
vidence. Aussitôt, et sans cesser de combattre au
centre, il donna l'ordre à la jeune garde de se
porter sur la droite, afin de contenir les Prussiens.
— Il n'était encore que deux heures de l'après
midi, et il espérait avoir le temps d'achever la défaite de Wellington avant l'arrivée de Blücher.

La résolution des chefs, la valeur héroïque des

soldats, tout seconde, dans les premiers moments,
le dessein de l'Empereur. Ney, démonté, marche
à la tête des grenadiers; Napoléon lui-même
conduit quatre bataillons de la garde en avant de
la Haye-Sainte, tandis que huit autres bataillons de la garde, restés en arrière, accouraient
sur ce point. Les quatre premiers bataillons at-
taquent avec impétuosité; des charges de cavalerie portent la terreur dans les rangs anglais. Le
soleil était couché : le général Friant blessé, passant auprès de l'Empereur, lui dit que l'ennemi
se dispose à la retraite, et qu'elle sera décidée
aussitôt que les huit autres bataillons de la garde
donneront. Ils venaient d'arriver depuis quelques minutes, l'Empereur les range en bataille;
ils allaient déboucher, déjà la route de Bruxelles
était couverte de fuyards qui, jetant leurs armes,
cherchaient un refuge dans la forêt voisine;
Wellington, désespéré, se considérait comme
vaincu, il fallait encore un quart d'heure.......
Mais tout à coup Blücher, parvenu au village
de la Haye, culbute la division chargée de le dé-
fnodre. La certitude d'être secourus ranima les
Anglais. Ils passèrent d'une défense passive à une
effensive impétueuse; nos soldats, épuisés par le
combat, firent un mouvement rétrograde : la
garde s'avança en vain pour les protéger. Il faisait déjà nuit : c'est là que du sein des ténèbres

s'élevèrent de funestes cris de : *sauve qui peut.*

A ce signal de détresse, à cette annonce d'une irrémédiable défaite, dont l'avis avait dès cinq heures été répandu sur tous les derrières de notre armée, Napoléon resta quelques moments encore sur un mamelon, avec les débris de la garde; mais le feu de l'ennemi, se rapprochant de minute en minute, il fallut se décider à la retraite.

« J'aurais dû mourir à Waterloo, a dit Napo-
« léon; mais le malheur veut que lorsqu'on
« cherche la mort on ne puisse la trouver. Il y
« a eu des hommes tués autour, devant moi, der-
« rière, de tous côtés, mais pas un boulet pour
« moi. »

Rallier les fuyards était impossible; Napoléon indiqua Laon pour point de réunion à ses lieutenants, et prit lui-même la route de Paris, où il arriva le 20, à neuf heures et demie du soir, abîmé de douleurs, et succombant à la fatigue. Au lieu de l'appui qu'il venait y chercher, il ne rencontra qu'une opposition violente de la part des députés qui exigèrent son abdication immédiate, et refusèrent même les services qu'il leur offrait comme simple général pour repousser l'invasion. Alors il se résigna au sacrifice exigé, à se rendre à Rochefort, où il alla se jeter dans les bras des Anglais, qui répondirent à la généreuse confiance du grand homme en s'instituant ses geoliers, et en l'envoyant mourir sur le rocher de Saint-Hélène.

www.ingramcontent.com/pod-product-compliance
Lightning Source LLC
Chambersburg PA
CBHW071958090426
42740CB00011B/1993